D1388051

Tussen hebzucht en verlangen

Heleen Mees

Tussen hebzucht en verlangen

De wereld en het grote geld

Nieuw Amsterdam *Uitgevers*

Eerste druk april 2009
Tweede druk mei 2009

Redactie Cyril Lansink
Omslagontwerp Bureau Beck
Omslagfoto Kadir van Lohuizen / NOOR
(uit Van Lohuizens serie *Diamond matters.*
The journey of a diamond, 2004/2005)
Foto auteur Gerard Til / Hollandse Hoogte
NUR 740; 784
ISBN 978 90 468 0572 5
www.nieuwamsterdam.nl/heleenmees

Mixed Sources
Productgroep uit goed beheerde bossen
en andere gecontroleerde bronnen.
www.fsc.org Cert no. CU-COC-803902
FSC © 1996 Forest Stewardship Council

Win een boekenpakket!
www.nieuwamsterdam.nl/win

Inhoud

Inleiding

De wereld en het grote geld

Het begon in juni 2007 met een crisis *in* het financiële stelsel, groeide in september 2008 uit tot een crisis *van* het financiële stelsel en is inmiddels uitgemond in een wereldwijde economische crisis. Als gevolg van een universeel spaaroverschot (met name in Azië en olierijke staten) bleef de rente op de kapitaalmarkt de afgelopen jaren historisch laag waardoor een speculatieve zeepbel op de huizenmarkt kon ontstaan. De waardestijging van de eigen woning was vaak groter dan de meeste mensen met een betaalde baan in een jaar bij elkaar konden verdienen.

Het is niet zo verwonderlijk dat iedereen graag een graantje mee wilde pikken van dit gulle goud. Met name in de Verenigde Staten werden vanaf 2005 steeds grotere hypotheken verstrekt aan steeds minder kredietwaardige huizenkopers. Deze risicovolle hypotheken werden vervolgens gebundeld en met een strik eromheen als eerstegraads waardepapieren aan beleggers wereldwijd doorverkocht. Daardoor kon het gebeuren dat de financiële turbulentie, die in Amerika begon, zich in 2008 als een olievlek over de wereld verspreidde.

Van New York tot Londen en van Reykjavik tot Amsterdam dreigden de grote banken als dominostenen om te vallen. Alleen met tientallen miljarden dollars en euro's aan overheidssteun konden banken aan weerszijden van de Atlantische Oceaan overeind worden gehouden. Andere banken moesten worden genationaliseerd. Alsof de ontluistering nog niet groot genoeg was kwam eind 2008 ook nog een grootschalige fraude op Wall Street aan het licht. Zakenman Bernard Madoff had investeerders voor 50 miljard dollar opgelicht via een klassiek piramidespel.

Twintig jaar na de val van de Berlijnse Muur, die het einde van de Koude Oorlog inluidde en de overwinning van het kapitalisme op het communisme betekende, verkeert het kapitalisme in een hevige identiteitscrisis. Van het triomfalisme dat in het Westen heerste, is niets meer over. Behalve voor de vermogenspositie van huishoudens en bedrijven, zal de crisis vooral gevolgen hebben voor de machtsverhoudingen tussen de Verenigde Staten, Europa en China.

De barstjes in het kapitalistische bouwwerk waren al langer zichtbaar. De exorbitante bestuurdersbeloningen, de stormachtige groei van de hedgefondsen, de exponentiële stijging van de olie- en voedselprijzen en de snelle aanwas van buitenlandse reserves in handen van autoritaire staten als China, Rusland en de Verenigde Arabische Emiraten wezen op grote economische onevenwichtigheden. Maar zolang de huizenprijzen en de aandelenkoersen bleven stijgen wilde niemand de spelbreker zijn. Het ontbrak politieke leiders en centralebankdirecteuren eenvoudigweg aan moed om de broodnodige maatregelen tegen de speculatieve zeepbellen te nemen.

Toch is, nu de zeepbel uiteen is gespat, er geen reden om het *post mortem* van het kapitalisme uit te spreken. De markt blijft in de meeste gevallen het beste middel om de samenleving te organiseren. Wel is duidelijk dat de markt niet altijd gelijk heeft en dat zelfregulering een oxymoron is, zoals Willem Buiter tijdens de Den Uyllezing in december 2008 opmerkte. Bovendien is het niet evident dat alle marktpartijen zich door economische motieven laten leiden. Kijk maar naar de staatsfondsen die de afgelopen jaren een vlucht namen. Hun aankopen leken eerder gebaseerd op politieke dan op economische calculaties.

Hoezeer Wall Street met al zijn hebzucht ook in diskrediet is geraakt (in het rampjaar 2008 werd niettemin voor meer dan 18 miljard dollar aan bonussen uitgekeerd), ik pleit onverminderd voor een Main Street (dorpsstraat) naar New Yorks model. Anders dan

Nederland biedt New York met zijn talrijke vormen van persoonlijke dienstverlening veel meer kansen aan migranten.

De Nederlandse verzorgingsstaat is een verstikkende deken gebleken voor grote groepen migranten die de afgelopen decennia naar Nederland zijn gekomen om hun geluk te beproeven. De zorgende staat werkt de achterstand van migranten in de hand, in plaats van dat die hun kansen vergroot. Een kansenmaatschappij als New York biedt nieuwkomers veel meer mogelijkheden om hun dromen en verlangens te verwezenlijken dan een verzorgingsstaat als Nederland.

Deze bundel bevat een verzameling van mijn columns die ik, wonend aan Main Street en uitkijkend op Wall Street, in de afgelopen drie jaar vanuit mijn geliefde New York heb geschreven. Terwijl hebzucht een destructieve uitwerking op de economie blijkt te hebben, blijft het verlangen om een beter bestaan op te bouwen de belangrijkste bron van sociale progressie.

New York, 1 februari 2009

Tussen Main Street en Wall Street

De twee gezichten van New York

Vita Activa*

In de film *Taxi Driver* (1976) zien we het New York van de jaren zeventig met hoertjes, pooiers, dealers, bedriegers en freaks. Er is een scène waarin Travis Bicle (gespeeld door Robert de Niro) Charles Palantine in zijn taxi heeft, de Democratische kandidaat voor de presidentsverkiezingen. Palantine vraagt aan Bicle wat hem het allerergste stoort in Amerika. Volgens Bicle is het de stad New York, dat open riool, vol met vuil en uitschot. *'If you become president, you have to clean up this shit.'* Palantine reageert geschrokken. Dát is te veel gevraagd.

Metropolis

Rem Koolhaas, de wereldberoemde Rotterdammer die ook de fraaie Kunsthal heeft ontworpen, legt in *Delirious New York, a retroactive manifesto* (1978) de filosofie bloot die ten grondslag ligt aan de stad New York. Volgens de architect is Manhattan het strijdtoneel voor de laatste fase van de westerse beschaving. Het einde van de geschiedenis voorspellen is altijd riskant, maar in mijn ogen is New York het ultieme model voor een samenleving zonder grenzen. Het is dé stad van de toekomst. De bevolking van Manhattan groeide begin negentiende eeuw zo snel dat er een plan nodig was om het eiland te organiseren. Nederland had op dat mo-

---

* Oorspronkelijk uitgesproken als Pietje Bell-lezing op 22 november 2007 in Rotterdam

ment zijn claim op Nieuw Amsterdam allang opgegeven. Een speciale commissie onder leiding van burgemeester Simeon DeWitt adviseerde in 1811 om het eiland op te delen in twaalf *Avenues* lopend van noord naar zuid, en 155 *Streets* lopend van oost naar west. Manhattan werd aldus in 2028 blokken gesneden. Uit democratisch oogpunt kregen de avenues en straten nummers in plaats van namen. Volgens Koolhaas is het stratenplan van Manhattan de 'meest moedige daad van toekomstvoorspelling' in de geschiedenis. Op het moment dat de commissie haar advies uitbrengt, wonen er niet meer dan honderdduizend mensen op Manhattan terwijl het raster voorziet dat er op een dag meer dan een miljoen mensen op het eiland zullen wonen. Omdat de blokken die de straten en avenues op Manhattan vormen allemaal aan elkaar gelijk zijn kan niemand, projectontwikkelaar noch architect, het eiland domineren met zijn visie of ideologie. De stad heeft geen centrum, geen hart en ook geen '*inner circle*'. Het heeft iets egalitairs. Zodra je je eigen buurt verlaat ben je weer een nieuwkomer in je stad. Iedere buurt is min of meer economisch zelfstandig. Of, zoals de Amerikaanse schrijver E.B. White het omschreef, ieder deel van de stad is een stad in een stad in een stad. Het is geen stad die hypermodern is of van de nieuwste snufjes voorzien, maar een stad die met garen en plakband bijeen wordt gehouden. De oplettende toeschouwer ziet ook het hechte sociale weefsel van de stad. Metropolis is het werk van mensenhanden.

A New York Neighborhood

Dumbo, dat is het acroniem voor *Down Under the Manhattan Bridge Overpass*, is de naam van de wijk in Brooklyn waar ik woon. Ik heb een appartement in The Sweeney Building, een voormalige zilverwerkfabriek die een aantal jaren geleden is omgebouwd tot lofts. Er is 24 uur per dag, 7 dagen per week een *doorman* aanwezig, er is een poetsvrouw en een *superintendent* voor reparaties en klein onderhoud aan het gebouw.

Precies zoals White het meer dan een halve eeuw jaar geleden voorspelde, vind je op steenworp afstand van mijn huis een *deli*, een stomerij, een bakker, een Starbucks, een kledingmaker, een nagelstudio, een slijterij, een bloemenstalletje en een parkeerservice. De winkels zijn de hele week tot negen uur 's avonds open en de deli zelfs dag en nacht. *Nannies* zorgen voor de kinderen in de buurt en *dogwalkers* laten de honden uit. Koeriersdiensten en taxi's rijden af en aan. Volgens White is er in New York om de paar blokken wel een *Main Street*, een dorpsstraat. De straat waar ik woon heet toevallig ook echt Main Street. De afzonderlijke buurten van New York zijn zo compleet en er is zo'n sterke gemeenschapszin dat menig New Yorker zijn leven doorbrengt in een gebied kleiner dan een plattelandsdorp, aldus White. Hij vertelt over een vrouw die een paar straten verderop ging wonen. Toen ze een week later niettemin naar haar vaste kruidenier toeging, was die bijna in tranen – om het weerzien. E.B. White schreef deze anekdote in 1949, maar het is nog altijd actueel. Toen mijn vader in de zomer van 2003 overleed, en ik pas maanden later terugkeerde naar New York, vertelde de postbode dat hij zich zo'n zorgen om mij had gemaakt. Die aardige bejegening is typerend voor New York. In plaats van de oppervlakkigheid en anonimiteit die worden geassocieerd met het leven in de grote stad, kenmerkt New York zich juist door een sterke onderlinge betrokkenheid.

Een stad gebouwd met migrantenhanden

Zoals je langs een wolkenkrabber kunt lopen zonder er erg in te hebben, zo kun je ook gemakkelijk voorbijgaan aan het feit dat de bouw bij uitstek een sector is waarin migranten in New York emplooi vinden. Met een beloning van meer dan 10 dollar per uur en mogelijkheden voor promotie, zijn de banen in de bouw relatief aantrekkelijk.

Zonder migrantenhanden waren de Brooklyn Bridge en het Vrijheidsbeeld er niet geweest. New York zou New York niet zijn geweest. De Empire State Building, die met 102 verdiepingen veertig jaar lang het hoogste gebouw in New York was, werd in 15 maanden gebouwd. Op het hoogtepunt van de werkzaamheden werkten tegelijkertijd meer dan 3400 mensen, voornamelijk Ierse en Italiaanse migranten, aan het project. Overal ter wereld, van New York tot Sjanghai, is de bouwsector een belangrijke niche voor migranten. Veel van de vaardigheden die nodig zijn, bezitten migranten al of kunnen ter plekke worden aangeleerd. De taalbarrière kan worden geslecht met behulp van lichaamstaal. Hier in New York slagen Aziaten, Oost-Europeanen en Latino's erin om samen te werken, hoewel het vocabulaire dat ze met elkaar delen niet verder reikt dan *yes* en *no*.

In de Nederlandse bouwsector zijn migranten een zeldzame verschijning. Werkgevers in de bouw wijten dat vooral aan de specifieke culturele achtergrond van de Nederlandse migranten. Turken en Marokkanen in het bijzonder zouden een afkeer hebben van het werk in de bouw omdat het in hun cultuur weinig aanzien heeft. Maar volgens hoogleraar stedelijke sociologie Jan Rath hebben autochtonen in de bouw een witte etnische niche gecreëerd, waaruit mensen met een andere culturele achtergrond en huidskleur zorgvuldig worden geweerd. Rath wijst op de macho-omgangsvormen in de bouwsector, die ook als racistisch en seksistisch zouden kunnen worden omschreven.

Een dienstbare stad

Aan het begin van mijn betoog zei ik dat New York het ultieme model is voor een samenleving zonder grenzen. Daarmee bedoel ik dat wat de afgelopen 25 jaar onder invloed van de globalisering in alle westerse landen is gebeurd, namelijk het verdwijnen van fabrieksarbeid, zich in New York al veel eerder heeft voltrokken. In Manhattan is het immers altijd al zo geweest dat alleen de meest rendabele activiteiten standhielden. Ter illustratie: de oude koekjesfabriek van Nabisco (National Biscuit Company), waar tot in de jaren vijftig de *Oreo cookies* werden gebakken, biedt nu onderdak aan tal van televisiestudio's en andere mediabedrijven. Op de begane grond van het oude fabrieksgebouw bevindt zich Chelsea Market, een markt met tal van *upscale* winkels waar alles te koop is op het gebied van eten en drinken. Nabisco verplaatste haar activiteiten in 1958 van Manhattan naar Fair Lawn, New Jersey. Tegenwoordig worden de Oreo-koekjes in China geproduceerd. De ongeschoolde migranten die niet langer aan de slag konden in de fabriek in New York vonden wel werk in de dienstensector. Behalve de hoogwaardige dienstverlening die je in New York aantreft, zoals zakenbanken en advocatenkantoren, zie je ook veel vormen van (economisch) laagwaardige dienstverlening.

Het gaat om banen die in Nederland helemaal niet bestaan, zoals bijvoorbeeld van de waterschenkers in restaurants, van de liftbedienden in de vele wolkenkrabbers die New York rijk is en van de schoenpoetsers die op kantoor langskomen. In Nederland zien we wel hoogwaardige dienstverlening, maar het type banen waarin nieuwkomers in New York zo goed gedijen ontbreken.

Nieuw Amsterdam versus oud Amsterdam

Als ik in Amsterdam ben valt het me telkens opnieuw op wat voor gesegregeerde samenleving het is. Terwijl ik in New York voortdurend in aanraking kom met mensen in allerlei soorten, kleuren en maten, heb ik in Amsterdam hoofdzakelijk van doen met mensen die net als ik blank en hoogopgeleid zijn. De Amsterdamse horeca is opmerkelijk eenkleurig. Alleen bij de Albert Heijn en C1000 krijg ik soms de kans om een paar woorden te wisselen met meisjes met hoofddoekjes die achter de kassa zitten.

John Mollenkopf, een Amerikaanse onderzoeker werkzaam bij de City University of New York, heeft de positie van de eerste- en tweedegeneratiemigranten in het onderwijs en op de arbeidsmarkt in New York en Amsterdam met elkaar vergeleken. Amsterdam doet het op beide gebieden aanmerkelijk slechter dan New York, waar meer dan 90 procent van de migranten aan het werk is. Ook de arbeidsdeelname van migrantenvrouwen (65 procent) is in New York opvallend hoog. De verklaring hiervoor moet volgens Mollenkopf worden gezocht in de regulering van de arbeidsmarkt en het niveau van de sociale uitkeringen in Nederland. In de Verenigde Staten zijn migranten op zichzelf aangewezen en de ongereguleerde arbeidsmarkt is veel toegankelijker voor migranten dan de strikter gereguleerde Europese arbeidsmarkt. Daarnaast is zelfstandig ondernemerschap altijd een belangrijke motor geweest voor de sociale mobiliteit van migranten in de Verenigde Staten.

In New York doen de kinderen van migranten het op school niet veel slechter dan de andere 'autochtone' leerlingen. Dat staat in schril contrast met migrantenkinderen in Nederland. Volgens de Emancipatienota (2007) beschikt slechts 35 procent van de Turkse en Marokkaanse jongvolwassenen in de leeftijdscategorie van 20 tot 34 jaar over een startkwalificatie. Van hun autochtone leeftijdsgenoten heeft bijna 80 procent een startkwalificatie. Hoewel het op het oog een teken van beschaving lijkt om een goed sociaal vangnet te bieden, heeft dit vangnet ervoor gezorgd dat Nederlandse migranten tot een uitkeringsafhankelijke groep zijn geconstrueerd. Ayaan Hirsi Ali zegt in Paul Scheffers boek *Land van aankomst* dat de verzorgingsstaat de integratie van minderheden hindert omdat er voor migranten om te overleven geen absolute noodzaak is om zich aan de Nederlandse samenleving aan te passen.

Het moderniseringsproces kan tot stilstand komen in een uitkeringssituatie, aldus Hirsi Ali, omdat men blijft vasthouden aan waarden en normen die de eigen emancipatie tegenwerken. Maar volgens mij is de werkelijkheid grimmiger. Het langdurig afhankelijk zijn van een uitkering werkt vervreemding en apathie in de hand. Een uitzichtloze uitkeringssituatie leidt niet tot stilstand. Het leidt tot terugval.

Het multiculturele drama

Wie het multiculturele drama wil begrijpen hoeft alleen maar te kijken naar de lage participatiegraad en de hoge uitkeringsafhankelijkheid onder migrantengroepen in Nederland. Tegenover 46 duizend mannen van Marokkaanse afkomst die in 2004 betaald werk hadden stonden 32 duizend Marokkaanse mannen tussen de 15 en 65 jaar die een uitkering ontvingen. Dat wil zeggen dat Marokkaanse mannen bijna vier keer zo vaak een uitkering ontvangen als autochtone mannen. Mannen van Turkse afkomst doen het iets beter dan Marokkaanse mannen. Als we naar migrantenvrouwen kijken dan zien we dat die het over de gehele linie een stuk slechter doen dan mannen. In 2004 hadden 36 duizend vrouwen van Turkse afkomst tussen de 15 en 65 jaar betaald werk tegenover 37 duizend Turkse vrouwen die een uitkering ontvingen. Dat wil zeggen dat er meer Turkse vrouwen waren die een uitkering ontvingen dan Turkse vrouwen die een betaalde baan hadden.

Bij vrouwen van Marokkaanse oorsprong zien we hetzelfde. Ook daar zijn er meer vrouwen die een uitkering ontvangen dan vrouwen die een betaalde baan hebben.

De hoge uitkeringsafhankelijkheid onder Turkse en Marokkaanse vrouwen is vooral opmerkelijk omdat de vrouwen sterk oververtegenwoordigd zijn in uitkeringen op grond van arbeidsongeschiktheid. Dit kan slechts gedeeltelijk worden verklaard door de algemene achtergrondkenmerken van deze groep vrouwen. Zo hebben ze over het algemeen een laag opleidingsniveau en een

Uitkeringsdruk: aantal uitkeringsontvangers uitgedrukt als percentage van het aantal werkenden, in de leeftijdscategorie 15-65 jaar uitgesplitst naar etniciteit en sekse (%)

	Mannen	Vrouwen
Autochtoon	18	23
Turks	47	103
Marokkaans	70	104
Surinaams	32	45
Antilliaans	36	62

Bron: CBS statistieken te vinden op StatLine (december 2004)

slechte gezondheidssituatie wat een hoger risico voor arbeidsongeschiktheid met zich meebrengt. De meeste uit Turkije en Marokko afkomstige vrouwen zijn echter afgekeurd op grond van psychische klachten. Ze kunnen vaak de weg in de Nederlandse samenleving niet vinden en spreken de taal van het land van aankomst niet goed, wat vrij karakteristiek is voor migranten wereldwijd. Maar in Nederland lijkt het alsof dit al voldoende aanleiding is om in aanmerking te komen voor een arbeidsongeschiktheidsuitkering. Volgens de Emancipatienota (2007) bevindt maar liefst 79 procent van de Turkse en Marokkaanse vrouwen in Nederland zich in een kansarme positie voor wat betreft deelname aan de Nederlandse samenleving omdat ze de taal onvoldoende beheersen en/of niet in bezit zijn van de benodigde arbeidsmarktkwalificaties. Zonder omhaal van woorden wordt gesteld dat voor deze vrouwen de afstand tot de arbeidsmarkt te groot is.

Je kunt je afvragen of hier geen sprake is van een self-fulfilling prophecy. In New York zijn er talloze vrouwen die geen woord Engels spreken maar die niettemin economisch zelfstandig zijn. De lage verwachtingen die we in Nederland koesteren ten aanzien van migrantenvrouwen zouden er net zo goed de oorzaak van kunnen zijn dat ze in een achterstandssituatie verkeren. Senay Özdemir, hoofdredacteur van *SEN Magazine*, wees op dit risico in een opiniestuk dat op 8 oktober 2007 in NRC *Handelsblad* verscheen. 'Doe je als allochtone vrouw al mee aan de Nederlandse samenleving als je de straat op durft? Als je boodschappen doet in het winkelcentrum? Of als je op de koffie gaat bij de buurvrouw?' zo vraagt ze zich af. Volgens Özdemir vergeet het kabinet dat ook voor allochtone vrouwen betaald werk de snelste, zo niet de enige weg is naar volwaardige maatschappelijke participatie. De Emancipatienota schiet in dit opzicht hopeloos tekort.

In de jaren tachtig was één op de zeven New Yorkers aangewezen op sociale bijstand. Onder leiding van burgemeester Giuliani werd in de jaren negentig een offensief gestart om mensen uit de sociale bijstand te halen en weer aan het werk te krijgen, deels via 'Melkert-banen'. In de jaren erna halveerde het aantal uitkeringen ruimschoots terwijl meer dan een half miljoen mensen die tot dan toe van overheidssteun afhankelijk waren economisch zelfstandig werden. Een nieuwe aanpak van criminaliteit leidde er bovendien toe dat New York – ooit berucht vanwege de onveiligheid op straat – de veiligste werd van alle grote steden in de Verenigde Staten.

De verzorgingsstaat maakt meer kapot dan je lief is

Een halve eeuw geleden voorspelde de filosofe Hannah Arendt al een maatschappij waarin niet genoeg arbeid zou zijn om iedereen tevreden te stellen (*Vita Activa*, 1958). Ze had er geen vertrouwen in dat arbeidskracht, als die niet werd opgebruikt in de strijd om het naakte bestaan, automatisch zou worden aangewend voor 'hogere' activiteiten.

Arendt waarschuwde voor de apathie en het verlies aan initiatief die de overvloedmaatschappij bedreigen. Ze pleitte daarom voor een herwaardering van het 'actieve leven'. Alleen door te handelen en initiatief te nemen kunnen mensen hun eigen individualiteit tegenover andere mensen kenbaar maken. In Nederland is er als gevolg van de verzorgingsstaat een overschot aan laagopgeleiden. Of, zoals Hannah Arendt het zou zeggen, 'er is te weinig arbeid om ze tevreden te stellen'. In een verzorgingsstaat worden laagopgeleiden gedwongen tot inactiviteit. Ze krijgen daardoor niet de kans om hun eigen individualiteit tegenover andere mensen kenbaar te maken. Of om het iets minder deftig te zeggen: laagopgeleiden wordt in Nederland de mogelijkheid ontnomen om zichzelf te verwezenlijken.

Bovendien dwingt de hoge belastingdruk, die zo kenmerkend is voor de verzorgingsmaatschappij, mensen die wel een baan hebben ertoe om allerlei laagwaardig werk zelf te doen. Het is te kostbaar om het werk uit te besteden, of de diensten worden überhaupt niet aangeboden. Een goede *nanny* is in Nederland óf onvindbaar, óf onbetaalbaar. Dat laatste ontmoedigt hoogopgeleide vrouwen weer om een volwaardige carrière te ambiëren. Ik heb dit fenomeen elders omschreven als de vrijetijdsparadox. In Nederland zie je veel van dergelijke ongerijmdheden. Er staan vaak lange rijen bij de kassa's omdat winkelpersoneel te duur is. Voor zoiets simpels als een manicure moet je twee weken van tevoren een afspraak maken om ervan verzekerd te zijn dat er plaats is. En op een stralende voorjaarsdag kan het in de stad van Pietje Bell zowaar gebeuren dat het terras van café Coenen gesloten blijft 'wegens gebrek aan personeel'.

Toen Bill Clinton in 1991 presidentskandidaat was beloofde hij de kiezers dat hij als president 'een einde zou maken aan de sociale bijstand zoals we die kennen'. Daarmee bedoelde hij de uitkeringen aan alleenstaande (tiener-)moeders. Clinton hield woord. In 1996 werd een werkverplichting ingevoerd en de duur van de sociale bijstand beperkt. In 2004 was het aantal alleenstaande moeders dat onder de armoedegrens leefde (dat wil zeggen iets meer dan 1500 dollar voor een moeder met twee kinderen) met eenvijfde gedaald in vergelijking met de jaren negentig. Ook was het aantal vrouwen dat aangaf te weinig te eten te hebben significant gedaald.

Van verzorgingsstaat naar kansenmaatschappij

De verzorgingsstaat blijkt een verstikkende deken te zijn voor de grote groepen migranten die de afgelopen decennia naar Nederland zijn gekomen om hun geluk te beproeven. De zorgende staat lijkt de achterstand van migranten in de hand te werken, in plaats van dat die hun kansen vergroot.

New York doet het in dit opzicht beter dan Nederland. Dat geldt voor alle migranten, maar in het bijzonder voor vrouwen en migrantenkinderen. Voor een migrant in spe biedt Nederland misschien een betere uitgangspositie qua huisvesting en sociale bijstand, maar New York biedt de beste resultaten. In New York worden de talenten van mensen eenvoudigweg beter benut dan in Nederland.

De lage arbeidsdeelname en hoge uitkeringsdruk onder migranten kunnen deels worden verklaard door uitsluitingsmechanismen die niet louter institutioneel van aard zijn. Uit onderzoek uitgevoerd onder Nederlandse werkgevers blijkt bijvoorbeeld dat die een grote voorkeur aan de dag leggen voor alles wat blank is én een Y-chromosoom heeft.

Aan de andere kant spelen ook het (bruto)minimumloonniveau en de hoogte en toegankelijkheid van de sociale uitkeringen een rol. Nederland heeft het overschot aan laagopgeleiden in hoge mate aan zichzelf te danken.

Degenen die op het eerste gezicht het meest lijken te profiteren van de verzorgingsstaat, blijken er bij nader inzien juist het meest onder te lijden te hebben. De ervaring in New York leert dat mensen veel beter in staat zijn om voor zichzelf te zorgen dan wij, blank en hoogopgeleid, geneigd zijn te denken.

Er moet een einde worden gemaakt aan het gesubsidieerde isolement van migranten in Nederland, zoals Paul Scheffer het in zijn boek *Land van aankomst* omschrijft. Net als in New York moet ook in Nederland het uitgangspunt worden dat iedereen die daartoe fysiek enigszins in staat is tot zijn vijfenzestigste economisch zelfstandig is.

Om iedereen daartoe in staat te stellen zal de Nederlandse arbeidsmarkt toegankelijker moeten worden voor nieuwkomers, zowel de jure als de facto. Het volstaat niet om de arbeidsmarkt louter te dereguleren. Er is ook positieve actie naar Amerikaans model nodig.

In de Verenigde Staten geldt dat bij *voldoende* geschiktheid de voorkeur uitgaat naar een kandidaat uit de ondervertegenwoordigde groep. Op die manier wordt ook voor subtiele vormen van uitsluiting gecompenseerd en wordt er ruimte gecreëerd voor sociale mobiliteit. Ook bij de verstrekking van ondernemingskrediet en de aanbesteding van overheidsopdrachten moet etniciteit als positieve factor worden meegewogen.

Tegelijkertijd moet er iets worden gedaan aan de segregatie in het lager en middelbaar onderwijs. Dat kan door voor alle met publiek geld gefinancierde scholen in stedelijke gebieden minimum- en maximumpercentages 'zwarte leerlingen' vast te stellen. Daarnaast moet kwalitatief hoogwaardige en betaalbare kinderopvang beschikbaar zijn voor ouders die werken. Onder die voorwaarden kan de uitkeringsduur worden beperkt, bijvoorbeeld tot zes maanden. Voor zover er daarna nog enige vorm van overheidsondersteuning wordt geboden mag dat alleen in een vorm die eraan bijdraagt dat mensen economisch zelfstandig worden.

Het minimumloonniveau in New York is met iets minder dan 8 dollar per uur redelijk vergelijkbaar met dat in Nederland, alleen komen er in New York geen extra lasten voor de werkgever bij. Dat zou in Nederland ook zo moeten zijn. Ten slotte moeten de kosten van persoonlijke dienstverlening fiscaal aftrekbaar worden voor mensen die minimaal 36 uur per week buitenshuis werken. In zogenoemde paarhuishoudens geldt de werkvereiste natuurlijk voor beide partners.

Je zou overigens bijna vergeten dat niet louter ongeschoolde migranten hun geluk komen beproeven in New York. Integendeel. De stad is een ware talentenmagneet. De energie en opwinding van het leven in zo'n mensenkluwen zijn voor velen onweerstaanbaar. Ook in dit opzicht laat Nederland hopeloos veel kansen liggen.

Delirious New York

Zoals de titel van het boek van Koolhaas al suggereert, is leven in Metropolis lichtelijk verslavend. Ik heb geprobeerd iets van mijn liefde voor de stad op u over te brengen. Ongetwijfeld is er onder u een aantal dat vindt dat ik geen recht van spreken heb. Ik ben immers blank en hoogopgeleid, en ik heb ook al geen kind. Maar ik heb mijn weg in New York alleen kunnen vinden door te vallen, en weer op te staan. De gedachte was steeds: 'wat heb ik uiteindelijk te verliezen?' Daarin verschil ik niet van al die andere migranten in de stad.

Dat ik hier sta heb ik bovenal te danken aan New York. Koolhaas noemt het in zijn boek 'een archipel van steden in steden'.

Hoe meer elk 'eiland' zijn eigen identiteit viert, des te meer wordt de eenheid van de archipel als systeem versterkt en voor de toekomst bestendigd. In deze archipel staat geen bouwwerk op zichzelf. Zoals een bevriende New Yorkse architect eens tegen mij zei: 'Ieder gebouw in New York ontleent zijn kracht en schoonheid aan zijn omgeving.' Dat laatste geldt ook, of misschien nog wel meer, voor de mensen in New York.

Perverse prikkels

De vijf grootste bedrijven op Wall Street hebben in de afgelopen vijf jaar meer dan drie miljard dollar betaald aan de topmanagers die verantwoordelijk waren voor de verpakking en verkoop van slechte leningen. Daardoor balanceerde het financiële wezen in het najaar van 2008 op de rand van de afgrond. Merrill Lynch, de zakenbank die onlangs met hulp van het Amerikaanse stelsel van centrale banken (Fed) werd overgenomen door Bank of America, betaalde het meest. Zijn *chief corporate executive* (ceo) Stanley O'Neal ontving van 2003 tot 2007 172 miljoen dollar. O'Neals opvolger, John Thain, heeft 86 miljoen dollar verdiend in de luttele maanden die hij bij Merrill Lynch werkte, inclusief de bonus die hij kreeg voor het tekenen van het contract.

Uiteindelijk stemde het Amerikaanse Huis van Afgevaardigden dan toch in met het reddingsplan van 700 miljard dollar. De koersdaling op de Amerikaanse beurzen – de Dow Jones verloor in de laatste uren voor sluiting maar liefst 777 punten – had zelfs de meest recalcitrante congresleden ervan doordrongen dat buitengewone omstandigheden om buitengewone maatregelen vragen. In het reddingsplan zijn ook maatregelen opgenomen die de managementbeloningen aan banden leggen bij de bedrijven die een beroep doen op het noodfonds.

Het merkwaardige is dat de maatregelen met name toezien op de *golden parachutes*, oftewel gouden handdrukken, die de falende en mogelijk ook frauderende topmannen meekrijgen. Vanuit het oogpunt van rechtvaardigheid is dat begrijpelijk: waarom zou er ook maar één cent belastinggeld gaan naar degenen die in hoge mate schuldig zijn aan het financiële debacle? Maar als het erom gaat zulke rampen in de toekomst te voorkomen, moeten ook de reguliere bonussen en beloningen worden aangepakt, want juist die wakkeren de speculatieve bubbels aan.

Ga maar na. Een CEO zal het bedrijf waarover hij presideert niet zo gauw te gronde richten om een gouden handddruk te kunnen incasseren (zo'n scenario is in de publieke sector plausibeler). De economische verstoring als gevolg van de gouden handdrukken is minimaal. Maar zakenbanken als Merrill Lynch, Bear Stearns en Lehman Brothers zijn wel degelijk ten onder gegaan aan de hebzucht van de topmannen. Die namen onverantwoorde risico's teneinde de jaarwinst, en zo hun eigen bonussen, op te stuwen. Vaak bedroeg het vaste salaris van zo'n CEO minder dan één miljoen dollar, maar daar kwam elk jaar nog 40 tot 50 miljoen dollar bij uit hoofde van aan winst en omzet gekoppelde bonussen, aandelen en optieplannen.

Toen het allemaal misliep en de financiële sector op kosten van de Amerikaanse belastingbetaler met honderden miljarden dollars van de ondergang moest worden gered, konden de drie miljard dollar die de topmannen van de vijf grootste Wall Street zakenbanken de afgelopen jaren opstreken niet meer worden teruggevorderd. Dat zal ook minister van Financiën Bos (PvdA) in het geval van voormalig Fortis-topman Votron nog lang niet meevallen. Bovendien, de schade aan het financiële stelsel wordt ermee niet ongedaan gemaakt (net zomin als de opsplitsing van ABN Amro kan worden teruggedraaid).

Om een nieuwe financiële ramp te voorkomen moet de politiek een einde maken aan deze perverse prikkels, zoals SER-voorzitter Alexander Rinnooy Kan zei in het televisieprogramma *Pauw & Witteman*, desnoods door een absoluut plafond voor bestuurdersbeloningen vast te leggen. Dat plafond mag dan best wat hoger liggen dan het jaarsalaris van de minister-president. In ieder geval moet worden vastgelegd dat de variabele beloning in een jaar niet hoger mag zijn dan de vaste beloning, oftewel dat de bonussen niet meer mogen bedragen dan 50 procent van het totale inkomen.

In de week voor de stemming over het reddingsplan werd bekend dat de Amerikaanse federale recherche FBI onderzoek doet naar mogelijke fraude door topmanagers van Fannie Mae, Freddie Mac, AIG en Lehman Brothers, de financiële instellingen die door de kredietcrisis in de problemen zijn gekomen. De FBI wil weten of de instellingen en hun topbestuurders hypotheekfraude hebben gepleegd en met opzet onjuiste informatie hebben verstrekt. In de zomer werden al twee voormalig fondsenbeheerders van Bear Stearns opgepakt vanwege misleiding van investeerders en geldschieters over de financiële toestand van de hedgefondsen onder hun beheer. Als de tenlastelegging bewezen kan worden, hangt beide mannen een celstraf van 25 jaar boven het hoofd.

Toevallig werden bij het Gerechtshof in Amsterdam in diezelfde tijd ook getuigenverklaringen afgelegd in het hoger beroep dat is ingesteld in de Ahold-zaak tegen voormalig bestuursvoorzitter Cees van der Hoeven en *chief financial officer* (CFO) Michiel Meurs. Volgens Meurs was het Van der Hoevens idee om de zogenoemde *side letters*, waarin Ahold ontkende dat het de baas was bij zijn gezamenlijke buitenlandse dochterbedrijven, voor de accountant achter te houden. Daardoor kon Ahold jarenlang een veel hogere winst en omzet rapporteren. In de weken na de onthullingen over het bedrog bij Ahold in februari 2003 zakte de AEX-index beneden de 220 punten, eenderde lager dan de stand van de AEX begin oktober 2008.

Welkom in de wondere wereld van de topgraaiers.

Een tempel van wellevendheid

De commotie rond Geert Wilders heeft zijn partij geen windeieren gelegd. Volgens opiniepeiler Maurice de Hond kon de Partij voor de Vrijheid (PVV), als er begin maart 2009 verkiezingen waren geweest, op 27 kamerzetels rekenen. De partij van Geert werd daarmee virtueel de eerste partij van het land, met één zetel meer dan het CDA. Terwijl geen moslim in Nederland of Groot-Brittannië wakker ligt van het knutselwerk in *Fitna*.

Haagse politici buitelden over elkaar heen om de vrijheid van meningsuiting te verdedigen voor de man die anderen dat recht wil ontnemen. In een interview met *De Telegraaf* zei VVD-leider Mark Rutte dat de VVD de vrijheid van meningsuiting voor eenieder fors groter wil maken. Hij verwees daarbij naar Amerika, waar 'de vrijheid van meningsuiting zwaarder weegt dan de inhoudelijke waardering voor de uitgesproken boodschap'.

Het is alsof een Amerikaanse antiabortusactivist de Nederlandse abortuswetgeving ten voorbeeld stelt. Abortus provocatus is volgens artikel 296 van het Wetboek van Strafrecht strafbaar als zijnde een misdrijf tegen het leven gericht. De wet geeft de aborterende arts alleen een strafuitsluitingsgrond als de vrouw zich in een 'noodsituatie' bevindt. Maar in de praktijk kan elke vrouw in Nederland om iedere willekeurige reden een abortus krijgen op kosten van de staat.

Het in de Amerikaanse grondwet verankerde recht op vrije meningsuiting zegt al net zo weinig over de praktijk in de Verenigde Staten. Amerikaanse kranten, *talkshow hosts* en politici kunnen inderdaad zeggen wat ze willen over minderheden en religies – zelfs leugenachtige, provocerende of hatelijke dingen – zonder dat ze juridische vervolging hoeven te vrezen. Maar uitgerekend de Amerikaanse media zagen ervan af om de Deense cartoons, die drie jaar geleden voor zoveel ophef zorgden, te publiceren. Ze vonden de spotprenten 'te beledigend'. Volgens de hoofdredacteur van *The Washington Post* hanteert de krant eigen normen voor taal, religieuze en raciale gevoeligheid en meer in het algemeen goede smaak.

De conservatieve talkshow host Don Imus werd in 2007 van de radio gebannen nadat hij de (overwegend zwarte) basketbalspeelsters van Rutgers University had uitgemaakt voor 'nappy headed hoes'. Bekende Amerikaanse televisiepresentatoren, zoals Brian Williams, Andrea Mitchell en de vorig jaar overleden Tim Russert, weigerden eenvoudigweg nog langer te gast te zijn bij *Imus in the Morning*.

Ian Buruma schreef in *Murder in Amsterdam* (2006) over de moord op Theo van Gogh dat de manier waarop de meest grove beledigingen worden opgevat als een teken van eerlijkheid of morele oprechtheid typisch Nederlands is. Buruma merkte daarbij fijnzinnig op dat de algemeen geaccepteerde vulgariteit iets samenzweerderigs en frauduleus heeft: het is een wel erg gemakkelijke manier voor insiders om nieuwkomers buiten te sluiten.

De dominante cultuur heeft de morele plicht om voorzichtig te zijn, zei Avishai Margalit, die samen met Buruma het prachtige boekje *Occidentalism – The West in the Eyes of its Enemies* (2004) schreef, drie jaar geleden in een interview met NRC *Handelsblad*. Dat men de vrijheid van meningsuiting altijd moet verdedigen betekent niet dat men haar ook altijd ten volle hoeft te gebruiken.

Het is jammer dat mainstream politici in Nederland zoals Wouter Bos en Mark Rutte niet inzien dat wat moreel juist is, ook electoraal het meest vruchtbaar zou zijn. De schreeuwpartij kunnen ze toch niet winnen van Geert Wilders. De verruwing van het publieke debat doet ook niets om de sociale spanningen in de Nederlandse samenleving te verminderen. Integendeel.

Nergens wordt zoveel gescholden en worden zoveel bedreigingen geuit op internet als in Nederland, zo blijkt uit onderzoek uitgevoerd door het dagblad *Trouw*. Zonder spoor van ironie wordt op nieuwssites en weblogs geschreven dat het leger 'met kanonnen, tanks en granaatwerpers op het Marokkaanse straattuig moet worden afgestuurd'. Niet toevallig was dat net nadat Hero Brinkman van de PVV in de Tweede Kamer had geopperd om de problemen in Gouda te lijf te gaan met tanks uit Afghanistan.

De toename van Marokkaanse jeugdcriminaliteit bewijst het ongelijk van Pim Fortuyn en zijn erfopvolgers. Het demoniseren van bepaalde bevolkingsgroepen draagt nou eenmaal niet bij aan de integratie van die groepen.

Vergeleken met Nederland is New York een tempel van wellevendheid en inclusiviteit. Bij overheidsinstellingen worden gratis tolkvertalers aangeboden in een keur aan talen, van Hindi en Chinees tot Pools en Portugees. Wie in New York pint bij een geldautomaat van Citibank kan uit dertig verschillende talen kiezen. Ayaan Hirsi Ali zal inmiddels ook doorhebben dat niet alle migranten in Amerika vloeiend Engels spreken. Waarom geven de pinautomaten in Nederland wel instructies in het Duits, Frans en Engels maar niet in het Turks of Marokkaans?

Toen burgemeester Mike Bloomberg in 2002 door een journalist van *The New York Times* werd gevraagd waarom zwarten en Latino's in de stad zijn plannen voor hervorming van het schoolsysteem niet steunden, antwoordde hij: 'Ze begrijpen niet hoe slecht de scholen gemanaged worden en dat hun kinderen daardoor niet de kans krijgen om de Amerikaanse droom te leven.' Dagenlang stonden de kranten vol met artikelen of de onschuldige opmerking van de burgemeester racistisch of neerbuigend was.

Bloomberg heeft geleerd zijn tong in toom te houden en hij wordt alom geprezen omdat New York onder zijn leiding een periode van ongekende etnische harmonie beleeft. Zoals Bloomberg het zelf ooit zei in een interview voor de lokale televisiezender NY1: 'New York is verre van perfect, maar we doen het een heel stuk beter dan op de meeste andere plaatsen in de wereld.'

Kapitalistische zelfverrijking

In de wereld van de topgraaiers

Stop de groeiende ongelijkheid

Alles wat in Amerika gebeurt, gebeurt in Europa tien jaar later. Dat geldt ook voor de salarissen van topbestuurders. De transatlantische beloningskloof wordt in rap tempo gedicht. Beloningen die oplopen tot ruim boven de 10 miljoen euro, zoals voor topman Jan Bennink van babyvoedingfabrikant Numico, zijn in Europa geen uitzondering meer. Volgens managementadviesbureau Hewitt Associates incasseerden de topbestuurders van 75 beursgenoteerde ondernemingen in Nederland in 2004 17,8 procent meer dan het jaar ervoor.

In Frankrijk en het Verenigd Koninkrijk zijn de salarissen van topbestuurders in zes jaar tijd verviervoudigd. Ook in Nederland zijn de beloningen verveelvoudigd sinds toenmalig minister-president Wim Kok zijn hart luchtte over de exorbitante zelfverrijking door de Nederlandse topmannen. De code-Tabaksblat, die na de Amerikaanse boekhoudschandalen met Enron en WorldCom in 2003 moest zorgen voor herstel van vertrouwen in het Nederlandse ondernemingsbestuur, heeft het tij niet kunnen keren.

Integendeel. Zo beoogde de code-Tabaksblat paal en perk te stellen aan de ontslagvergoedingen door te bepalen dat bestuurders bij vertrek niet meer dan één jaarsalaris mochten meekrijgen. Maar in 2005 kreeg de vervroegd terugtredende Heineken-topman Thony Ruys een extra pensioendotatie van 4 miljoen euro in plaats van een ontslagvergoeding, waardoor hij zijn inkomen dat jaar maar liefst zag verdrievoudigen. Strikt genomen valt er weinig tegen in te brengen, een pensioendotatie is geen ontslagvergoeding, maar in het licht van de code-Tabaksblat is de vertrekregeling van Ruys immoreel.

Beursgenoteerde ondernemingen moeten bovendien sinds enkele jaren openheid betrachten over de bestuurdersbeloningen. Maar de stortvloed aan cijfers en getallen in de jaarverslagen is nauwelijks te doorgronden. Kwalijker nog is dat de nieuwe openheid leidt tot kopieergedrag. Navrant genoeg stijgen de salarissen van Europese topbestuurders daardoor de laatste jaren juist extra. Want de topmannen meten zich niet aan hun Aziatische broeders, die veel minder riant beloond worden, maar aan de Amerikanen. In de VS zijn jaarsalarissen van meer dan 35 miljoen dollar niet ongebruikelijk.

Marktconform is de mantra waarmee *corporate* Nederland de onrust over de buitensporige beloningen tracht te bezweren. Zo baseerde Numico de beloning voor topman Bennink op een vergelijking met een aantal Amerikaanse ondernemingen, waaronder tandpastafabrikant Colgate-Palmolive, ontbijtgranenproducent Kellogg en ketchupmaker Heinz. Maar die vlieger gaat alleen op als je zeker weet dat de salarissen bij de ondernemingen die je in deze vergelijking betrekt, marktconform zijn. En dat laatste is nou juist zo twijfelachtig. Hoe kan het anders dat aandeelhouders aan beide zijden van de oceaan in vijf jaar tijd feitelijk helemaal niets zijn opgeschoten, behalve met een beetje dividend, terwijl de salarissen van de topmannen veelal met honderden procenten zijn gestegen? Dat betekent dat de salarissen nu veel te hoog zijn, of destijds veel te laag waren.

Ondernemingen kunnen voor hun beloningsbeleid beter inspiratie opdoen bij het Amerikaanse bedrijf Whole Foods, een supermarktketen die uitsluitend natuurlijke en biologisch verantwoorde producten verkoopt. Whole Foods betaalt zijn werknemers ruim 13 dollar per uur, bijna drie keer het wettelijk minimumloon, en biedt daarnaast uitstekende secundaire arbeidsvoorwaarden. De bestuurders verdienen niet meer dan 14 keer het salaris van de gemiddelde werknemer. Whole Foods-topman John Mackey, een Republikein uit Texas, verdiende daardoor vorig jaar welgeteld 342 duizend dollar. Andere Amerikaanse ondernemingsbestuurders strijken gemiddeld 170 maal het salaris van de gemiddelde werknemer op.

Whole Foods is de lieveling van de Amerikaanse aandelenbeurs NASDAQ. Over de afgelopen vijf jaar is het aandeel Whole Foods in waarde bijna vervijfvoudigd, terwijl de NASDAQ zelf in die vijf jaar nauwelijks is gestegen. Vergelijk je de prestaties van Whole Foods met die van de rest van de sector, dan valt helemaal op wat voor buitengewone prestatie Whole Foods heeft geleverd: in de levensmiddelenbranche is de waarde van de aandelen de afgelopen vijf jaar meer dan gehalveerd. Afgaande op de resultaten zou je denken dat de beloningsstructuur bij Whole Foods meer marktconform is dan de beloningsstructuur bij andere beursgenoteerde ondernemingen.

Volgens Whole Foods-topman John Mackey is er geen inherente reden waarom het bedrijfsleven niet tegelijkertijd ethisch, sociaal verantwoord én winstgevend zou kunnen zijn. Het is volslagen naïef om te veronderstellen dat het huidige beloningsniveau van topbestuurders in Europa en de Verenigde Staten het resultaat is van marktwerking. Het onafhankelijk advies dat ondernemingsbesturen inwinnen over bestuurderscompensatie blijkt namelijk verre van onafhankelijk.

Managementadviesbureaus als Hewitt Associates zullen het ondernemingsbestuur niet tegen de haren in willen strijken, uit angst business te verliezen. Bovendien hebben CEO's in de VS over en weer zitting in de commissies die over elkaars beloning adviseren. Zo treedt er kruisbestuiving op, vergelijkbaar met wat in Nederland gebeurt met de raden van commissarissen. De ene topman adviseert onafhankelijk om het salaris van een andere topman flink te verhogen. Daarna eist de eerste topman voor zichzelf een vergelijkbare salarisstijging. Het leven is soms zo eenvoudig.

Toen *de Volkskrant* in juni 2006 een inventarisatie publiceerde waaruit bleek dat de topinkomens in Nederland in 2005 weer flink waren gestegen, werd minister De Geus (CDA, Sociale Zaken en Werkgelegenheid) door de Tweede Kamer tijdens het vragenuurtje daarover aan de tand gevoeld. Maar volgens De Geus kan de overheid niets doen, omdat de beloning van bestuurders de verantwoordelijkheid is van bestuurders, commissarissen en aandeelhouders.

De reactie van De Geus getuigde op zijn minst van intellectuele luiheid. De groeiende inkomensongelijkheid vormt een gevaar voor de democratische samenleving, zoals ook de laissez-faire-econoom en voormalig centralebankpresident Alan Greenspan herhaaldelijk heeft betoogd. Ongelijkheid ondermijnt de sociale cohesie, iets waar een kabinet van christendemocratische signatuur juist voor zou moeten waken. Maar minister De Geus had kennelijk zo zijn eigen reden om niet op te treden: kan niet ligt op het kerkhof, en durft niet ligt er naast.

Hebzucht aan de top

In 2006 begon in de Verenigde Staten een grootschalig onderzoek naar de frauduleuze praktijk van het antedateren van aandelenopties door topbestuurders. Daarbij wordt gedaan alsof opties zijn toegekend op dagen dat de aandelenkoers op het laagste niveau was, zodat de ondernemingstop extra winst kan incasseren als de aandelen stijgen. Als de antedatering niet wordt gemeld is er sprake van boekhoudfraude omdat kosten verborgen blijven voor aandeelhouders en toezichthouders.

Inmiddels is de optiepraktijk van meer dan honderd Amerikaanse ondernemingen aan een onderzoek onderworpen, waaronder bekende als Apple Computer en Home Depot. Bij United-Health bleek de raad van toezichthouders die de opties toekent (vergelijkbaar met onze raad van commissarissen) zelf ook een flinke greep in de kas te hebben gedaan. Met z'n tienen bezaten de toezichthouders maar liefst 230 miljoen dollar aan aandelen in het bedrijf.

Het optieschandaal in de Verenigde Staten heeft eens te meer bewezen dat je het niet aan de ondernemingstop kunt overlaten om de eigen beloning vast te stellen. Het laat ook goed zien dat aandelenopties, die het effect hebben van een winstaccelerator, het slechtste in ondernemingsbestuurders naar boven halen. Je kunt je met reden afvragen of de boekhoudschandalen zoals bij Enron en WorldCom zich überhaupt hadden voorgedaan als er geen aandelenopties in het spel waren geweest.

Enron-topman Kenneth Lay en WorldCom-topman Bernie Ebbers zagen hun persoonlijke rijkdom geweldig toenemen door middel van aandelenopties én de door hun georkestreerde stijging

van de aandelenkoersen. Het is beide topmannen niet goed beko-
men. Ebbers werd in 2005 veroordeeld tot 25 jaar gevangenisstraf
in Mississippi, en Lay stierf aan een hartaanval, kort nadat een jury
in Houston hem schuldig had bevonden aan grootscheepse boekhoudfraude.

In de strafzaak tegen voormalig Ahold-topman Cees van der
Hoeven achtte de Amsterdamse rechtbank valsheid in geschrifte
en oplichting meermalen bewezen. Ondanks het harde oordeel
kwam Van der Hoeven weg met een voorwaardelijke gevangenisstraf en een geldboete. In het vonnis merkte de rechtbank terecht
op dat het niet aangaat om Amerikaanse maatstaven in een Nederlands strafproces als richtsnoer te gebruiken. Dat doen we immers
ook niet bij verdachten die in Nederland terechtstaan voor drugs-
handel.

Wél is het merkwaardig dat zowel het openbaar ministerie als de
rechtbank voetstoots aannamen dat Van der Hoeven niet uit was
op enig persoonlijk financieel gewin of voordeel. De magistraten
hadden in het boek van Jeroen Smit, *Het drama Ahold – Over ijdel-
heid en hebzucht aan de top*, kunnen lezen dat Van der Hoeven,
naast de miljoenen euro's die hij jaarlijks opstreek, tevens een aanzienlijk pakket aandelenopties voor zichzelf had bedongen.

'Van der Hoeven krijgt [in 1998, red.] op zijn eigen verzoek
500.000 opties in het vooruitzicht gesteld. Als analisten gelijk krijgen en de koers zich verdubbelt en richting de 60 euro beweegt dan
zouden deze opties straks 15 miljoen euro op kunnen leveren. Be-
lastingvrij want Van der Hoeven betaalt de belasting vooraf. Ge-
combineerd met de 500.000 opties die hij al heeft, begint echte
rijkdom in het vizier te komen.' (*Het drama Ahold*, p.203)

De reconstructie van Jeroen Smit bevat tientallen verwijzingen
naar de aandelenopties die de euforie bij Van der Hoeven flink
aanwakkerden. Je kunt je als lezer niet aan de indruk onttrekken
dat hij eind jaren negentig onafgebroken liep te watertanden bij de
gedachte aan de tientallen miljoenen euro's die zijn aandelenopties

hem zouden opleveren. Tenminste, als de koers van het aandeel Ahold zou blijven stijgen.

Het zal geen toeval zijn dat precies in die periode het geknoei met de *side letters* is begonnen. De focus op groei beheerste eind jaren negentig de cultuur binnen Ahold. In het middelpunt van die cultuur stond Cees van der Hoeven als voorman én aanjager, aldus de openbare aanklager in zijn requisitoir. De president-commissaris van Ahold, Henny de Ruiter, maakte zich toen al grote zorgen. In zijn ogen was de groeibelofte niet vol te houden want dan zou over veertig jaar de hele wereld in handen zijn van Ahold.

De door het bestuur van Ahold voorgespiegelde omzetgroei bepaalde voor een belangrijk deel de koers van het aandeel. Voor Van der Hoeven en de aandeelhouders gold: *the sky is the limit.* Onder economen wordt dit fenomeen verklaard aan de hand van de *greater fool theory.* Volgens die theorie kan het rationeel zijn om een overprijsd aandeel te kopen, als je verwacht dat je een grotere gek kunt vinden die bereid is voor het aandeel een nog hogere prijs te betalen.

Valsheid in geschrifte en oplichting waren meermalen nodig om – ook naar Amerikaanse boekhoudmaatstaven – jaarlijks een substantiële omzetgroei in de boeken van Ahold te kunnen laten zien. Het had allemaal veel weg van een piramidespel, of beter gezegd een variant daarop, het Ponzischema. (Bij een piramidespel moeten de deelnemers nieuwe investeerders vinden, bij een Ponzischema doet de organisator dat.) De Ahold-topman was daarbij niet een argeloze deelnemer maar de aanjager, zoals het openbaar ministerie het treffend verwoordde, oftewel de organisator.

In juli 2006 werd zakenman en tennisgoeroe René van den Berg door dezelfde rechtbank in Amsterdam veroordeeld tot een onvoorwaardelijke gevangenisstraf van vijf jaar wegens oplichting. De rechtbankpresident liet in zijn vonnis zwaar meewegen dat Van den Berg de bedoeling had gehad zichzelf ten koste van het goedgelovige publiek te verrijken.

Het Ahold-debacle is vooral ten koste gegaan van de particuliere beleggers in Nederland. Tijdens roadshows waren die door Van der Hoeven persoonlijk overgehaald om het aandeel Ahold te kopen. Ook bevonden zich onder de gedupeerden verhoudingsgewijs veel vrouwen en AOW-gerechtigden die destijds goedgelovig in het AH-klantenfonds waren gestapt. Dat Cees van der Hoeven niet al zijn aandelenopties te gelde heeft kunnen maken, bewijst niet dat het oogmerk van zelfverrijking bij hem ontbrak. Het betekent hooguit dat zijn hoogmoedswaan nog groter was dan zijn hebzucht.

Verklein de inkomensverschillen

Het had zo mooi kunnen zijn. Een kabinet van CDA, PvdA en SP. Die laatste pleitte er in haar verkiezingsprogramma onder meer voor om de AOW welvaartsvast te maken, de uitkeringen en het minimumloon over de gehele linie met 5 procent te verhogen, en de keuringseisen voor arbeidsongeschiktheid te versoepelen. Balkenende is er juist veel aan gelegen de neoliberale vruchten van zijn drie eerdere kabinetten te preserveren.

Als de SP het voor het zeggen zou hebben, dan zou juist het grootste deel van de structurele hervormingen in de publieke sector die de afgelopen vier jaar zijn doorgevoerd worden teruggedraaid. De SP ziet het garanderen van werk en koopkracht vooral als een overheidstaak. Niet toevallig bleek bij de doorrekening van de verkiezingsprogramma's door het Centraal Planbureau dat bij die partij er alleen maar banen in de publieke sector bijkomen, en helemaal niet in de marktsector.

Maar SP-voorman Marijnissen had al aangegeven dat wat hem betrof er geen breekpunten zouden zijn bij de formatie. Met Jan viel over alles te praten, mits de inkomensverschillen in Nederland maar kleiner zouden worden. Het viel dan ook niet goed te begrijpen waarom informateur Hoekstra er zo snel de brui aan gaf, en een coalitie van CDA, PvdA en SP als onhaalbaar bestempelde. Ook zonder miljarden euro's extra aan de sociale zekerheid uit te geven kun je immers de inkomensverschillen verkleinen.

Dat kan door iets te doen aan de topinkomens. Tijdens de eerste drie kabinetten-Balkenende zijn die flink gestegen, niet alleen in de (semi-)publieke sector, maar ook in het bedrijfsleven. Een dappere poging van Morris Tabaksblat om door middel van een gedragscode paal en perk te stellen aan de hebzucht van *corporate* Nederland is op niets uitgelopen. In drie jaar tijd zagen de bestuursvoorzitters van beursgenoteerde ondernemingen gemiddeld hun inkomen met bijna 40 procent toenemen.

Zoals is gebleken uit een onderzoek van managementadviesbureau Hewitt Associates in samenwerking met de Universiteit van Groningen, wordt die inkomenssprong met name verklaard door de forse toename van de bonussen voor topbestuurders. Die belopen inmiddels zo'n 67 procent van de totale beloning, terwijl Tabaksblat in juni 2003 nog voorstelde om die te maximeren op 50 procent van het totaal.

Tabaksblat vond het, in het licht van het boekhoudschandaal bij Ahold, nodig om de deksel stevig op de koekjestrommel te plaatsen. Het heeft niet mogen baten. De topmannen hebben de afgelopen jaren weer flink toegetast. Soms rechtvaardigden ze hun handelswijze door naar elkaar te verwijzen, soms door te verwijzen naar de Verenigde Staten. Vorig jaar verdienden de vijf bestbetaalde CEO's daar ieder meer dan 100 miljoen dollar.

Aan deze internationale beloningscarrousel komt pas een einde als ook de Amerikanen westwaarts gaan kijken. In Azië verdient het topmanagement namelijk aanzienlijk minder dan in de Verenigde Staten en in Europa. Of als de politiek in Nederland haar verantwoordelijkheid neemt door in het regeerakkoord vast te leggen dat de variabele beloning van ondernemingsbestuurders niet hoger mag zijn dan het vaste salaris.

Een verhoging van het minimumloon en de uitkeringen met 5 procent richt weinig uit tegen de inkomensverschillen. De topbestuurders van aan de AEX genoteerde ondernemingen strijken gemiddeld 171 maal het minimumloon op (cijfers 2005). Als het minimumloon met 5 procent wordt verhoogd verdienen de bestuursvoorzitters nog steeds 163 keer zoveel als iemand op minimumloonniveau.

Beperk je daarentegen het variabele deel van de bestuurdersbeloning op de door Tabaksblat voorgestane wijze, dan wordt het inkomensverschil in één keer verkleind tot een factor 114. De maatregel heeft als bijkomend voordeel dat de verleiding om met de boekhouding te manipuleren kleiner wordt, waar het Tabaksblat in de eerste plaats om te doen was. Persoonlijk gewin is in het verleden een al te sterke drijfveer gebleken voor topbestuurders. Denk bijvoorbeeld aan Cees van der Hoeven en het Ahold-debacle.

Niet alleen doet een verhoging van het minimumloon en de uitkeringen weinig aan de inkomensongelijkheid, het is ook nog eens slecht voor de werking van de arbeidsmarkt, met name aan de onderkant. Door de torenhoge arbeidskosten op minimumloonniveau is er van de markt voor persoonlijke dienstverlening in Nederland nauwelijks iets overgebleven. Het is aan de komst van de Poolse klusjesman te danken dat niet langer iedere Nederlander op zaterdag zijn eigen plafond staat te witten.

Dat het verkiezingsprogramma van de SP in de doorrekening van het CPB niet direct slecht uitpakt voor de werkgelegenheid komt vooral doordat er veel (gesubsidieerde) banen in de publieke sector bijkomen. Bovendien wordt door de verhoging van de arbeidskorting en de invoering van een *Earned Income Tax Credit* de financiële prikkel voor het zoeken van werk vergroot. Dat blijft een eigenaardigheid van de rekenmodellen van het CPB: daarin kun je kennelijk nog steeds *kiezen* voor een uitkering.

De verhoging van het minimumloon en de uitkeringen gaat ten koste van de integratie van minderheden. Dat wordt ook wel het progressieve dilemma genoemd. Je kunt migratie hebben, of royale sociale voorzieningen, maar niet allebei tegelijkertijd. Met haar onverbloemde keuze voor het laatste betoont de SP zich, alle lovende woorden van Marcel van Dam ten spijt, evenzeer een antimigrantenpartij als de partij van Geert Wilders. Eenieder die anders beweert is intellectueel niet eerlijk bezig.

Het retro-kabinet

Het in februari 2007 beklonken regeerakkoord tussen CDA, PvdA en ChristenUnie getuigde in het algemeen al niet van veel ambitie en dadendrang, maar dat gold des te meer voor wat betreft de beloningen voor de ondernemingstop. Dat in het akkoord staat dat de naleving van de code-Tabaksblat nauwlettend zal worden gevolgd heeft weinig om het lijf. Tabaksblat zegt immers louter iets over de hoogte van de ontslagvergoeding en helemaal niets over de hoogte van alle andere beloningen die de ondernemingsbestuurders ontvangen. Terwijl die juist de pan uitrijzen.

Volgens een bericht in *de Volkskrant* van 3 februari 2007 hebben de bestuurders van in Nederland aan de beurs genoteerde ondernemingen in 2006 maar liefst 209 miljoen euro opgestreken aan gratis verkregen aandelen en optiewinsten. Dat is een verdubbeling ten opzichte van het jaar daarvoor en een vervijfvoudiging ten opzichte van 2003. Het is merkwaardig dat de onderhandelaars geen gehoor hebben gegeven aan de roep van CNV en FNV om de stijging van de topinkomens aan banden te leggen.

Dat de heren in het Catshuis hun verantwoordelijkheid niet hebben durven nemen, zou dat nou iets te maken hebben met de vrijetijdskleding die ze voor de gelegenheid hadden aangedaan? Misschien had het geholpen als ze fatsoenlijke pakken hadden aangetrokken bij de coalitieonderhandelingen in plaats van die afzichtelijke veelkleurige vesten en truien.

Volgens mij kunnen de vakbonden FNV en CNV beter hun hoop vestigen op Huub Willems in plaats van op de Haagse politiek. Willems is de rechter die – vanuit zijn kamer aan de Prinsengracht in Amsterdam – nagenoeg in zijn eentje de Ondernemingskamer van het Amsterdamse Gerechtshof bestiert. Zo was hij de FNV ter wille in de zaak tegen machinebouwconcern Stork. Hij verbood de hedgefondsen Centaurus en Paulson namelijk om in hun rol als grootaandeelhouders te proberen de commissarissen weg te stemmen tijdens de aandeelhoudersvergadering van 18 januari 2007.

Volgens het vonnis van de Ondernemingskamer kan een dergelijk voornemen in rechte worden getoetst. In dit geval betekende het dat moest worden nagegaan of het voorgenomen besluit om de commissarissen de laan uit te sturen wel in overeenstemming was met verantwoord ondernemerschap. De Ondernemingskamer schoof daarmee de heersende economische doctrine terzijde die luidt dat de aandeelhouders het beste weten wat het belang van de onderneming is. Ze hield de bij het conflict betrokken partijen voor dat de belangen van andere stakeholders, zoals die van de werknemers van Stork, ook moeten worden meegewogen, daarmee feitelijk zeggend dat die belangen niet per se samenvallen met die van de aandeelhouders.

Het vonnis, dat de onder invloed van het neoliberale marktdenken gegroeide aandeelhoudersdominantie een halt toeroept, was voor mij een goede aanleiding om een kopje thee te gaan drinken bij de voorzitter van de Ondernemingskamer. De meest dringende kwestie die ik hem wilde voorleggen was of de uitspraak inzake Stork N.V. impliceert dat de Ondernemingskamer ook de bestuurdersbeloningen moet gaan toetsen.

In de wet is het nu zo geregeld dat de aandeelhouders een stokje kunnen steken voor excessieve beloningen aan de ondernemingstop. De gedachtengang is dat als de aandeelhouders niet protesteren, de beloningen marktconform zijn en bijgevolg het ondernemingsbelang niet schaden. Maar als je, zoals in de zaak tegen Stork, dat axioma loslaat, dan is een andere instantie nodig die de beloningsverhoudingen binnen een onderneming in ogenschouw kan nemen.

Willems legde uit dat voor belanghebbenden twee wegen openstaan om de Ondernemingskamer om een oordeel over de bestuurdersbeloningen te vragen. In de eerste plaats kan dat via het jaarrekeningenrecht, in het geval dat men zich niet aan de voorschriften van de code-Tabaksblat heeft gehouden en er geen toelichting wordt gegeven waarom is besloten van die voorschriften af te wijken. In de tweede plaats kan dat via een enquêteprocedure bij de Ondernemingskamer. Zo'n procedure kan eenvoudig door de vakbonden FNV en CNV namens werknemers worden geïnitieerd.

In de economische theorie zijn voldoende aanknopingspunten te vinden om te bewijzen dat excessieve bestuurdersbeloningen het ondernemingsbelang schaden. In de eerste plaats stijgen natuurlijk de ondernemingskosten waardoor de concurrentiepositie van de onderneming op microniveau verslechtert. Daarnaast kan de groeiende ongelijkheid op macroniveau protectionisme uitlokken, zoals *The Economist* schreef. Bovendien zullen resultaatafhankelijke beloningsvormen roekeloosheid van ondernemingsbestuurders in de hand werken of zelfs fraude (denk aan Ahold). Tot slot is het risico reëel dat werknemers door het gegraai aan de top gedesillusioneerd raken en hun commitment verliezen waardoor het informele kapitaal binnen de organisatie wordt vernietigd.

Toen rechter Willems me naar de deur begeleidde, voorspelde ik hem internationale roem als hij werkelijk de hoogte van de bestuurdersbeloningen in Nederland zou gaan toetsen. Ik geloof niet dat hij dat een onaantrekkelijk vooruitzicht vond.

Bonussenbonanza

Tijdens de managementcrisis die PCM Uitgevers, het concern dat drie van Nederlands meest toonaangevende dagbladen (NRC *Handelsblad*, *de Volkskrant* en *Trouw*) uitgeeft, was er een klein lichtpuntje te ontwaren. De morele verontwaardiging, geventileerd via de opiniepagina's van diezelfde kranten, over de beloningen die de falende PCM-bestuurders hebben geïncasseerd, begon eindelijk effect te sorteren. Bert Groenewegen, de financiële topman van het noodlijdende bedrijf, zei onder druk van de publieke opinie af te zien van de bonussen die aan hem waren toegekend.

Ook Essent-topman Michiel Boersma, die in het voorjaar van 2007 fusiebesprekingen voerde met Nuon, liet zich van zijn goede kant zien. In plaats van zijn bonus à raison van 1,3 miljoen euro te incasseren liet hij die overmaken naar een goed doel.

We moeten ons door dit genereuze gebaar echter niet laten afleiden van de vraag of de fusiebonus *op zich* eigenlijk wel gerechtvaardigd is. Kunnen bonussen die aan het management worden toegekend in het kader van zogenoemde *change of control*-bepalingen een rechterlijke toetsing doorstaan?

In 2002 heeft de Ondernemingskamer in Amsterdam bepaald dat dergelijke bonussen alleen zijn toegestaan voor zover ze 'noodzakelijk kunnen worden geacht voor het waarborgen van de continuïteit van de bedrijfsvoering'. Het betrof Rodamco North America waar de arbeidsovereenkomsten van de ondernemingsbestuurders in het licht van een dreigende overname door de Australische vastgoedonderneming Westfield waren aangevuld met de gewraakte change of control-afspraken. De directieleden van Rodamco North America zouden bij een overname aanspraak maken op drie jaarsalarissen, inclusief bijzondere beloningen, ook als zij hun baan niet zouden verliezen. Als ze wel zouden worden ontslagen zouden ze naast de drie jaarsalarissen tevens recht hebben op een schadeloosstelling plus een gebruteerde vergoeding voor de eventueel verschuldigde belasting.

De onderzoekers die in opdracht van de Ondernemingskamer de gang van zaken bij Rodamco North America onderzochten, oordeelden dat de extra's voor de directieleden 'buitengewoon royaal' waren in het licht van de Nederlandse opvattingen. De president van de Ondernemingskamer, Huub Willems, haalde onverbiddelijk een streep door de bonusregelingen van de directieleden.

Groenewegen gaf tenminste ruiterlijk toe dat de winst die hij en zijn collega-PCM-bestuurders hadden behaald met de verkoop van het meerderheidsbelang van APAX niet viel uit te leggen. Maar dat weerhield hen er niet van om de winsten in eigen zak te steken. Ze streken bedragen tot bijna 2 miljoen euro op bij de aandelenverkoop, in dezelfde tijd dat de krantenredacties moesten bezuinigen.

Op 10 januari 2008 gelastte Willems op verzoek van de Nederlandse Vereniging van Journalisten (NVJ) en de vakbond FNV een onderzoek naar de gang van zaken bij PCM.

Hij nam zelf alvast een voorschot. Zo hekelde hij de participatieregeling voor het 29-koppige PCM-bestuur waarmee tot 2 miljoen euro per persoon werd verdiend. Volgens Willems past zo'n beloningsvorm niet bij een bedrijf dat kranten uitgeeft die regelmatig kritisch schrijven over de exorbitante salarissen van topmensen.

Belangrijker nog is de vraag of het gewraakte beloningsarrangement een prikkel bevatte voor het PCM-management om het eigen belang te laten prevaleren boven de belangen van PCM. De NVJ en FNV hebben de Ondernemingskamer gevraagd om zich ook hierover uit te spreken. De PCM-zaak is daarmee niet alleen een testcase voor private equity-fondsen die op de Nederlandse markt actief zijn. De zaak kan uitgroeien tot een testcase voor variabele beloningen van ondernemingsbestuurders meer in het algemeen.

In de discussie over de topsalarissen zijn tot nu toe voornamelijk moreel-maatschappelijke argumenten gehanteerd. De exponentiële groei van de inkomensverschillen zou de sociale cohesie aantasten. Daarom pleit zowel de FNV als de PvdA-fractie in de Tweede Kamer ervoor om een graaitaks te introduceren in de inkomstenbelasting voor inkomens boven bijvoorbeeld een kwart miljoen euro.

Progressieve belastingheffingen worden van oudsher gezien als het aangewezen middel om de inkomensverschillen te redresseren. Maar de vraag is of het ook een probaat middel is om het zelfbedieningskapitalisme, zoals Marc Chavannes het zo treffend heeft genoemd, aan te pakken. Er is immers een gerede kans dat de bonussen worden verhoogd om de bestuurders voor de extra belastingheffing te compenseren.

Belangrijker is dat de bedenkingen tegen de bonussenbonanza in de top van het bedrijfsleven niet louter moreel van aard moeten zijn maar ook, of misschien wel vooral, (bedrijfs-)economisch van aard. Wetenschappelijk onderzoek heeft aangetoond dat naarmate de bonussen die het topmanagement in het vooruitzicht krijgt gesteld hoger zijn, de kans groter is dat binnen een onderneming boekhoudfraude wordt gepleegd. Zie het drama van Ahold.

Aandelenopties voor het topmanagement kunnen ook een rol spelen in het aanwakkeren van speculatieve bubbels op de financiele markten. De aandelenkoersen hebben dan nog maar weinig van doen met de waarde van de onderneming, maar meer met de luchtkastelen die managers en beleggingsspecialisten beleggers voorspiegelen. Beleggen heeft in die gevallen veel weg van deelname aan een piramidespel.

Het lukte voormalig KPN-topman Wim Dik bijvoorbeeld niet om het hoofd koel te houden tijdens de internethype rond de eeuwwisseling, en hij leidde het telecombedrijf van *boom* tot *bust*. Dik verdiende door middel van zijn aandelenopties aan de koerswinsten, en door middel van de ontslagvergoeding aan de koers-verliezen. Anders dan voor de aandeelhouders is het voor de top-mannen een loterij zonder nieten.

Het wordt de hoogste tijd om de discussie over de topinkomens van haar emotie te ontdoen. Het gaat niet om afgunst, en er staat veel meer op het spel dan de sociale cohesie. Aan dat meer refereer-de Nobelprijswinnaar Joseph Stiglitz toen hij stelde: 'Werknemers worden nu ontslagen omdat de ondernemingsbestuurders zo goed betaald krijgen.'

Het was alsof hij het over PCM had.

Poor Little Rich Men

Medio november 2007 lekte de brandbrief uit die vier grote Nederlandse multinationals aan het kabinet hebben gestuurd over het fiscale vestigingsklimaat. Door de belastingplannen voor 2008 zou het volgens de briefschrijvers veel moeilijker worden om getalenteerde buitenlanders aan te trekken. Met name de aftopping van de aftrek op pensioenpremies en de verhoging van het huurwaardeforfait voor huizen boven de 1 miljoen euro was de topmannen van Shell, Unilever, Philips en Akzo Nobel een doorn in het oog. Maar ook het afschaffen van de aanrechtsubsidie voor niet-werkende partners en de verhoging van de bijtelling voor lease-auto's konden niet op hun bijval rekenen.

Het is een merkwaardig epistel. Om hun betoog kracht bij te zetten hadden ze twee tabellen als bijlage bijgevoegd waarin de nettobeloningen in Nederland, het Verenigd Koninkrijk en Zwitserland bij een jaarsalaris van 290 duizend euro en een jaarsalaris van 652 duizend euro met elkaar worden vergeleken. Bij de salarissen horen optrekjes van respectievelijk ruim één miljoen euro en anderhalf miljoen euro. Volgens de bijlage bij de brandbrief houden getalenteerde buitenlanders in het Verenigd Koninkrijk ruim 20 procent netto meer van hun salaris over, en in Zwitserland maar liefst 50 procent meer.

Ook de Nederlands-Amerikaanse Kamer van Koophandel waarschuwde het kabinet dat Nederland een minder aantrekkelijk vestigingsland dreigt te worden voor hoogopgeleide buitenlanders. Maar zo'n waarschuwing is bijzonder merkwaardig. Er bestaat immers een uiterst gunstige fiscale regeling voor *expats* die in Nederland komen werken. Op grond van die regeling mag een bedrijf aan zogenoemde extraterritoriale werknemers 30 procent van het loon verstrekken in de vorm van een onbelaste vergoeding. Als je in de tabellen bij de brandbrief rekening houdt met deze zogenoemde 30 procent-regeling, dan houden getalenteerde buitenlanders in Nederland netto méér over van hun salaris dan in het Verenigd Koninkrijk, en niet veel minder dan in Zwitserland.

Bovendien hebben lang niet alle expats in Nederland te lijden onder de door het kabinet voorgestelde aanpassing van het huurwaardeforfait voor woningen met een waarde van meer dan 1 miljoen euro. Veel expats komen immers slechts tijdelijk naar Nederland en huren voor de duur van hun verblijf een woning. Voor zover expats wél onder de kabinetsmaatregelen te lijden hebben, ligt het voor de hand om het percentage van de expatregeling op te hogen naar bijvoorbeeld 32 of 33 procent. Dat is een gerichte maatregel die de schatkist nauwelijks geld kost maar die wel een impuls geeft aan het Nederlandse vestigingsklimaat voor hoofdkantoren van grote multinationale ondernemingen.

Het lijkt erop dat de afzenders van de brandbrief vooral hun eigen portemonnee op het oog hadden. Nederlandse bestuursvoorzitters schreeuwen altijd moord en brand als van hen wordt verlangd dat ze een *fair share* van hun inkomen afdragen aan belasting.

In januari 1998 werden toenmalige bestuursvoorzitters Cor Herkströter van Shell, Morris Tabaksblat van Unilever en Cees van Lede van Akzo Nobel op het Binnenhof in Den Haag betrapt door een fotograaf van het *Algemeen Dagblad*. Ze waren op weg naar het Torentje om zich bij premier Wim Kok te beklagen over de aanval die was geopend op de optieregelingen van beursgenoteerde ondernemingen in Nederland. De inkomsten uit aandelenopties vielen toentertijd nog onder een forfaitaire regeling waardoor ze nagenoeg onbelast bleven. Premier Kok sprak de historische woorden 'exhibitionistische zelfverrijking', hoewel het in die tijd nog maar om bedragen van pakweg 800.000 gulden ging. Herkströter, Tabaksblat en Van Lede kregen nul op het rekest. Kok was niet erg onder de indruk van hun argument dat een fiscale heffing op optiewinsten het Nederlandse vestigingsklimaat zou schaden.

Het is enigszins ironisch dat van dit trio 'graaiende topmannen' er tegenwoordig twee vooroplopen om de exorbitante beloningen van de nieuwe lichting ondernemingsbestuurders te hekelen. Morris Tabaksblat stelde in 2003 voor om in de naar hem genoemde code vast te leggen dat de variabele beloning niet meer dan 50 procent van de totale beloning zou mogen uitmaken. Na een storm van protest uit het bedrijfsleven zag Tabaksblat zich gedwongen zijn voorstel in te trekken.

Daardoor was het mogelijk dat ABN-topman Rijkman Groenink in het najaar van 2007 voor 26 miljoen euro aan aandelen- en optiewinst kon opstrijken. Numico-topman Bennink verzilverde in diezelfde tijd naar schatting 80 miljoen euro in aandelen en opties.

De salarissen in het Nederlandse bedrijfsleven zijn 'niet normaal meer', zo zei Cees van Lede vervolgens in het televisieprogramma *Netwerk*. De oud-topman van Akzo Nobel beklaagde zich over het feit dat er in het bedrijfsleven 'alleen nog loyaliteit is aan geld'. Dat de beloningen aan de top steeds verder omhooggaan is in de ogen van Van Lede 'slecht voor de motivatie van mensen binnen het bedrijf'.

Maar de huidige generatie bestuursvoorzitters en toezichthouders denkt daar veel 'genuanceerder' over. President-commissaris Rob Zwartendijk van Numico liet in NRC *Handelsblad* optekenen het kleingeestig te vinden hoe in Nederland met beloningen van topbestuurders wordt omgegaan. ING-topman Michel Tilmant zei in een interview in het *Financieele Dagblad* dat de discussie over de miljoenenbeloningen van Rijkman Groenink en Jan Bennink 'op zijn zachtst gezegd niet helpt getalenteerde mensen aan te trekken'.

Het is een hele geruststelling dat de heren slechts het landsbelang op het oog hebben.

Bos is bang

Het is altijd plezierig als vicepremier en minister van Financiën Wouter Bos (PvdA) zich opwindt over de zelfverrijking in de top van het bedrijfsleven. Het is alleen jammer dat zijn teksten lijken te zijn overgenomen uit een oud nummer van het weekblad *The Economist* dat op 20 januari 2007 de noodklok luidde over de volslagen scheefgroei van de inkomensverhoudingen.

Volgens het invloedrijke Britse tijdschrift vormt de groeiende ongelijkheid als gevolg van de gematigde loonontwikkeling enerzijds en de explosieve winstgroei in het bedrijfsleven anderzijds een giftige cocktail. De bonussenbonanza lokt populisme – 'het zijn allemaal zakkenvullers' – en protectionisme uit, en vormt zo een reële bedreiging voor de groei van de wereldeconomie.

En dat was precies het betoog dat Wouter Bos bijna een jaar later afstak voor een gehoor van ondernemers die zich ter gelegenheid van de Bilderberg-conferentie in Wassenaar hadden verzameld. De verliezers van de globalisering (dat zijn volgens Bos de werknemers van Calvé die hun werk naar de lagelonenlanden zien verdwijnen) zouden door de zelfverrijking aan de top hun toevlucht zoeken bij de partijen op de flanken. (Wee degene die denkt dat Wouter Bos zelf debet is aan de deplorabele electorale staat waarin de PvdA verkeert.)

Als Bos *The Economist* van de week ervoor had gelezen in plaats van die van vorig jaar, dan had hij in Wassenaar kunnen betogen dat de topbestuurders en hun extravagante bonussen (mede)verantwoordelijk zijn voor de crisis die de financiële markten sinds het najaar van 2007 in haar greep houdt.

Volgens een artikel dat 26 januari 2008 op Economist.com verscheen worden in het huidige systeem topmanagers beloond als ze grote risico's nemen, terwijl er geen enkele financiële *penalty* op staat als blijkt dat ze verkeerd hebben gegokt. Bovendien, hoe groter de volatiliteit (beweeglijkheid) van de aandelenkoersen, des te hoger de bonussen per saldo uitvallen.

Het ligt voor de hand te veronderstellen dat de variabele beloningen voor het topmanagement speculatieve bubbels op de financiële markten mede helpen veroorzaken. De aandelenkoersen hebben in zo'n geval nog maar weinig van doen met de waarde van de onderneming, maar meer met de kunstgrepen die managers weten te verzinnen.

Bovendien heeft wetenschappelijk onderzoek aangetoond dat naarmate de bonussen voor het topmanagement van een onderneming hoger zijn, de kans groter is dat er binnen die onderneming fraude wordt gepleegd. Als voormalig Ahold-topman Cees van der Hoeven geen aandelenopties had gehad, was er waarschijnlijk geen boekhoudschandaal bij Ahold geweest.

De vraag blijft dan ook waarom Wouter Bos niet meer actie onderneemt. Tijdens de Bilderberg-conferentie smeekte hij de ondernemingsbestuurders bijkans om hun eigen verantwoordelijkheid te nemen. Maar de tussenrapportage van de commissie-Frijns, die moest adviseren over aanpassing van de code-Tabaksblat, heeft al duidelijk gemaakt dat je het niet aan de bestuurders zelf kunt overlaten.

Bij de presentatie van het rapport in december 2007 zei commissievoorzitter Jean Frijns dat er onvoldoende draagvlak was onder de bestuurders voor ingrepen in de beloningssfeer. Alsof je aan een konijn vraagt of hij het een goed idee vindt om als hoofdgerecht geserveerd te worden tijdens het kerstdiner.

Ruim een half jaar later. Bos haalt met instemming Martin Wolf, de economisch commentator van de *Financial Times*, aan: 'Bonussystemen voor handelaren en managers van financiële ondernemingen kunnen zeepbellen verder opblazen. Bonussen zijn vaak asymmetrisch gekoppeld aan kortetermijnrendementen. Zit het mee, dan profiteren de bankiers; zit het tegen, dan komt de rekening elders terecht. Hiermee ontstaat het door Martin Wolf opgeroepen beeld van private winsten en maatschappelijke verliezen.'

Het opmerkelijke aan deze passage is niet de inhoud (waar ik het helemaal mee eens ben) maar het feit dat ze is opgenomen in de Miljoenennota 2009, waarin de regering haar plannen voor het nieuwe jaar ontvouwt. Kortom, als Wouter Bos zich werkelijk zo'n zorgen maakt over de bonussen voor handelaren en managers, wat let hem dan om een wet voor te bereiden die bepaalt dat het variabele deel van de beloning nooit meer mag bedragen dan het vaste deel van de beloning, zoals de commissie-Tabaksblat in juni 2003 al voorstelde? Waarom heeft hij in het voorjaar van 2008 een halfbakken wetsvoorstel naar de Tweede Kamer gestuurd dat enkel de fiscale begeleiding van bovenmatige ontslagvergoedingen regelt?

Wouter Bos is bang. Het moet wel haast. Want werkelijk ingrijpen in de beloningen van topbestuurders durft hij nog steeds niet.

De ondergang van de NV Nederland

Eind april 2008 debatteerde de Tweede Kamer met de minister van Financiën, Wouter Bos (PvdA), over het kort daarvoor gepresenteerde pakket maatregelen om excessieve topinkomens in het bedrijfsleven aan te pakken. Zo moeten werkgevers 30 procent belasting gaan betalen over de absurd hoge vertrekvergoedingen van topbestuurders en worden excessieve pensioenstortingen voor topfunctionarissen zwaarder belast. Managers van *private equity* moeten voortaan meer belasting betalen en managers die er financieel belang bij hebben als hun bedrijf wordt overgenomen mogen niet langer deelnemen aan de besluitvorming hierover.

Maar het is de vraag of dit pakket maatregelen voldoende is. Wouter Bos hoopt dat hij, door de positie van de Raad van Commissarissen bij het beloningsbeleid te versterken, de jaarlijkse beloningen van de ondernemersbestuurders kan beteugelen. In het boek *Nieuwe netwerken. De elite en de ondergang van NV Nederland* 2008 beschrijven Meindert Fennema en Eelke Heemskerk juist dat Nederlandse commissarissen zich nog steeds passief opstellen tegenover de raden van bestuur. Ze zijn te weinig onafhankelijk of niet assertief genoeg om in te grijpen. Bovendien hebben de commissarissen zelf ook een flinke greep in de buidel gedaan. In de periode 2000-2006 is de beloning van commissarissen met 75 procent gestegen. De commissarissen durven ook om die reden niet in te grijpen in de bestuurdersbeloningen, bang als ze zijn dat de bestuurders wier inkomen door hun toedoen beperkt wordt, terug zullen slaan door op hun beurt de inkomens van de commissarissen aan te pakken.

De transparantie van bestuurdersbeloningen heeft tot een zelfversterkend proces geleid. Zelfs de publieke verontwaardiging en de media-aandacht hebben een averechts effect, aldus Fennema en Heemskerk. Het feit dat de grootverdieners tegenwoordig ten minste één keer per jaar figureren op lijsten die door landelijke dagbladen op de voorpagina worden gepubliceerd heeft het statuseffect van de hoge beloningen alleen maar versterkt. Bestuurders streven niet in de eerste plaats naar hoge beloningen, maar naar een *hogere* beloning dan hun collega's. De groeiende inkomens zijn daarmee ook een vorm van *social hedging*. Stand is vervangen door inkomen. Waar vroeger de 'goede' familienaam wezenlijk bijdroeg aan de status van de topbestuurder is dat nu de hoogte van zijn inkomen.

In 2007 verdiende de gemiddelde topbestuurder in Nederland 23 procent meer dan het jaar ervoor met name als gevolg van de toekenning van prestatieaandelen, zo berichtte *de Volkskrant*. Jeroen van der Veer van Shell streek dat jaar 9,4 miljoen euro op, Nancy McKinstry van Wolters Kluwer 8,5 miljoen euro en Crispin Davis van Reed Elsevier 8,3 miljoen euro. En Ad Scheepbouwer van KPN zag zijn toch al niet geringe inkomen met maar liefst 236 procent stijgen. Het einde van de explosieve stijging van de topinkomens is volgens Fennema en Heemskerk, beiden verbonden aan de Universiteit van Amsterdam, voorlopig nog niet in zicht.

De belangrijkste verklaring voor die stijging is gelegen in de toename van de variabele beloningscomponent. Het is daarom onbegrijpelijk dat Bos deze ongemoeid wil laten. Temeer omdat hier een wezenlijk knelpunt zit. In *Nieuwe netwerken* wordt een president-commissaris van een aantal prominente bedrijven geciteerd: 'We zouden toch af moeten van een heleboel beloningsstructuren die we ingevoerd hebben. Die hoge variabele beloningen, die werken uiteindelijk verkeerd. Of je haalt het makkelijk, nou mooi meegenomen. Of je haalt het niet en je probeert op alle mogelijke manieren het wel te halen en daarbij ga je weleens over de schreef.'

Frauderende bedrijven keren tot achtmaal meer opties uit aan hun bestuurders. De topmanagers van frauderende bedrijven laten zich financieel goed bedienen, concluderen Fennema en Heemskerk. Maar volgens mij werkt het causale verband ook de andere kant op: de variabele beloningen lokken de fraude uit. Kijk maar naar het boekhoudschandaal bij grootgrutter Ahold.

René van den Berg, de tennissponsor en superbelegger uit Hilversum die complete families het hoofd op hol bracht, werd veroordeeld tot 5 jaar onvoorwaardelijke gevangenisstraf. De rechtbankpresident liet in zijn vonnis zwaar meewegen dat Van den Berg de bedoeling had gehad zichzelf ten koste van het goedgelovige publiek te verrijken. Net als Cees van der Hoeven, zou je denken.

Hebzucht en domheid

Dinsdag 20 januari 2009 was in vele opzichten een historische dag. De wereldwijde euforie over de kroning van Barack Obama tot vierenveertigste president van de Verenigde Staten kon niet verhinderen dat de S&P Index, de belangrijkste graadmeter van de Amerikaanse aandelenbeurs, die dag met meer dan vijf procent daalde. De S&P Financials, de index die is samengesteld uit louter financiële fondsen, verloor bijna 17 procent. Het was de grootste koersval ooit op inauguratiedag gemeten.

De oorzaak van de grafstemming op de beurzen was de nieuwe ronde van steunoperaties aan banken die overheden aan beide zijden van de Atlantische Oceaan aankondigden voorafgaand aan de inhuldiging. Met name Royal Bank of Scotland (RBS), die maandag bekendmaakte een verlies van 13 miljard euro te hebben geleden bij een vroegere divisie van ABN Amro, had de helpende hand van de Britse overheid nodig. Het aandeel RBS is het afgelopen jaar 93 procent in waarde gedaald.

De vrijdag voor Obama's inauguratie pleitte Willem Buiter, hoogleraar Europese politieke economie aan de London School of Economics, in zijn Maverecon-blog op de website van *The Financial Times* al voor een algehele nationalisatie van alle grote Britse banken. 's Maandags viel Nobelprijswinnaar en *New York Times*-columnist Paul Krugman hem bij. En terwijl Wouter Bos zich opmaakte voor een nieuwe ronde kapitaalinjecties aan banken, werd de vraag 'nationaliseren of niet?' ook voor Nederland actueel.

De miljardeninjecties voor banken, die vaak gepaard gaan met een aftopping van bestuurdersbeloningen (in Duitsland is de beloning voor het topmanagement beperkt tot vijfhonderdduizend euro), hebben volgens Buiter een averechts effect. De managers blijven liever aanknoeien met een bank die te weinig kapitaal heeft om geld uit te lenen, dan dat ze de overheid om hulp vragen en op hun salaris worden gekort. Dat is de belangrijkste reden waarom banken niet bereid zijn geld te lenen aan particulieren en niet-financiële instellingen.

Bij banken die al geld van de overheid hebben ontvangen doet zich hetzelfde mechanisme voor. Zij gebruiken de miljarden euro's aan staatssteun liever om hun balans op te schonen dan om leningen te verstrekken. Hoe eerder ze de overheid hebben terugbetaald, des te sneller kunnen de managers hun eigen bonussen weer incasseren. Met hun hebzucht hebben de bankiers eerst het financiële stelsel naar de rand van de afgrond gebracht, en nu weerhoudt hun hebzucht hen ervan om de kredietmarkten nieuw leven in te blazen.

Volgens Buiter zijn er twee manieren om de ondergekapitaliseerde banken te stimuleren weer geld te gaan lenen. De eerste manier is om kapitaal goedkoop te maken, en er niet of nauwelijks beperkende voorwaarden aan te verbinden. Dat is wat de Amerikanen tot nu toe hebben gedaan. De falende bestuurders worden zo beloond, wat leidt tot 'moral hazard': extra prikkels voor het management om in de toekomst opnieuw excessieve risico's te nemen omdat de staat toch wel te hulp schiet als het misgaat.

Nationalisatie van de zombiebanken is in de ogen van Buiter een veel betere oplossing dan kapitaalinjecties. Met de staat als enige eigenaar kan het zittende management zonder gouden handdrukken worden ontslagen. Op die manier wordt een belangrijke vorm van moral hazard voorkomen, aldus Buiter.

Nou wil het geval dat minister van Financiën Bos (PvdA) de Nederlandse tak van Fortis en ABN Amro afgelopen jaar heeft genationaliseerd. En uitgerekend een bestuurder bij deze bankencombinatie, Jan Peter Schmittmann, ging er vandoor met de grootste gouden handdruk uit de Nederlandse geschiedenis, te weten 8 miljoen euro. Dat had ook 18 miljoen euro kunnen zijn — het bedrag waar Schmittmann volgens de kantonrechter aanspraak op kon maken.

Als de code-Tabaksblat was toegepast zou Schmittmann 'slechts' 2,4 miljoen euro aan vertrekpremie hebben meegekregen. Maar volgens de kantonrechter was voor een rechterlijke toepassing van de code-Tabaksblat geen grond omdat die (hoewel wettelijk verankerd) niet wettelijk is vastgelegd. Gemakshalve liet zij in haar afweging buiten beschouwing dat de kantonrechterformule ook niet wettelijk is vastgelegd.

Maar het grootste raadsel is waarom Wouter Bos 16,8 miljard euro (dat is duizend euro per inwoner) heeft neergeteld voor Fortis (inclusief ABN Amro Nederland) zonder vooraf beperkingen op te leggen aan de bonussen en gouden handdrukken voor de zittende bestuurders. Dat heeft Bos bij de financiële instellingen die hij later met een kapitaalinjectie te hulp schoot (ING, Aegon en SNS Reaal) immers wel gedaan.

Volgens een woordvoerder van het ministerie van Financiën wilde de staat alleen de Nederlandse delen van het Fortis-concern overnemen en 'lag het niet voor de hand om in die context eisen te gaan stellen aan de verkopende partij'.

Dat is natuurlijk lariekoek. Bos was bereid om voor een deel van Fortis 16,8 miljard euro te betalen terwijl de beurswaarde van het Fortis-concern als geheel slechts 12,7 miljard euro bedroeg bij de sluiting van de beurs op vrijdag 3 oktober 2008 – waarmee een klassieke bankrun werd voorkomen. Als je een miljardenpremie betaalt boven op de beurskoers dan is er geen reden voor nederigheid en kun je als koper wel degelijk voorwaarden verbinden aan de salariëring van het zittende management.

Wat is het toch met Wouter Bos dat hij zo halfhartig te werk gaat als het de beloningen en afkoopsommen van ondernemingsbestuurders betreft? Eerst weigert hij de beloningsnormen die zijn vastgelegd in de code-Tabaksblat tot wet te verheffen, en vervolgens vergeet hij een streep te halen door de gouden handdrukken als hij tot nationalisatie overgaat.

Is het lafheid of domheid? En wat is erger?

Knappende zeepbellen

Over de crisis in de financiële wereld

Greenspans erfenis

Over de hele wereld gingen in het late voorjaar van 2006 de aandelenbeurzen flink onderuit. Terwijl het er een maand eerder nog eventjes op leek dat de Dow Jones-index het record van 14 januari 2000 zou evenaren heeft de graadmeter van de Amerikaanse beurs alweer meer dan 4 procent moeten prijsgeven. In Amsterdam ging de AEX ruim 10 procent naar beneden. Was het een kleine zenuwinzinking aan de kant van verkopers, een normale koerscorrectie, of een voorbode van economische tegenspoed?

Geen mens die het met zekerheid kon zeggen. Duidelijk was wel dat beleggers van Tokio tot Rio bevangen waren door onzekerheid. En dat terwijl de troonopvolging bij de Amerikaanse centrale bank zo geruisloos was verlopen. Op 1 februari was Ben Bernanke de al bij leven legendarische Alan Greenspan bij de Federal Reserve, het Amerikaanse stelsel van centrale banken, opgevolgd. De overgang verliep zo soepel dat de financiële markten voor even vleugels leken te krijgen.

Maar toen de eerste honderd dagen van Bernanke er op zaten, begonnen investeerders zich af te vragen wat voor vlees ze eigenlijk in de kuip hadden. Sinds zijn aantreden was de Amerikaanse volatiliteitsmeter VIX, een goede maatstaf voor de zenuwen van beurshandelaren, met meer dan de helft gestegen. De VSTOXX, de index die de fluctuaties in de Europese aandelenprijzen meet, kende in die periode bijna een verdubbeling. De onwennigheid was wederzijds. Ook Bernanke zelf moest duidelijk nog aan zijn nieuwe rol wennen.

Zo maakte de kersverse bankpresident een paar maanden na zijn aantreden een uitglijder toen hij zich, tijdens het jaarlijkse galadiner voor het Witte Huis perscorps, ophield in het gezelschap van een tv-presentatrice van de financiële nieuwszender CNBC. Hij vertrouwde haar toe dat investeerders zich vergisten als ze dachten dat er geen renteverhogingen meer zouden volgen. Toen de nieuwszender het tafelgesprek de maandag erop wereldkundig maakte, doken de koersen omlaag. Bernanke heeft inmiddels plechtig moeten beloven in de toekomst alleen nog maar van officiële communicatiekanalen gebruik te zullen maken.

Maar het zijn niet alleen beginnersfouten als deze die zorgen voor beroering op de financiële markten. Anders dan het orakel Greenspan, die bijna twintig jaar aan het roer van de bank stond en zich steevast in nevelen hulde, is Bernanke een grote voorstander van openheid bij de bank. Zo erkende hij een paar maanden na zijn aantreden, tijdens een hoorzitting van de Amerikaanse Senaat, ruiterlijk dat hij de beslissing over een eventuele renteverhoging eind juni zou laten afhangen van de economische data die in de tussenliggende periode bekend zouden worden. Niks glazen bol, gewoon kille cijfers.

Volgens de economische theorie van rationele verwachtingen zou transparantie goed moeten zijn voor de markt. Hoe meer informatie bekend is des te beter beleggers in staat zijn om verantwoorde investeringsbeslissingen te nemen. Maar het gevolg van de nieuwe openheid was dat de financiële markten in opperste staat van verwarring verkeerden telkens als er nieuwe cijfers over de stand van de economie naar buiten kwamen. De fors tegenvallende werkgelegenheidsgroei in de ene week duidde op een rentepauze, maar de hoger dan verwachte inflatiecijfers de week erop wezen weer in de richting van een renteverhoging.

De aandelenkoersen schoten alle kanten uit, hoewel de trend duidelijk neerwaarts was. Geheel volgens het boekje had Bernanke de gordijnen bij de centrale bank opengegooid. Nervositeit op de aandelenmarkten was het gevolg. Zoals de econoom van de zakenbank Lehman Brothers in New York tegenover een journaliste verzuchtte: 'Ben Bernanke behandelt ons als volwassenen, maar hij komt er nu achter dat we in feite een stel kinderen zijn.'

De openheid van Bernanke deed enigszins denken aan de beginperiode van Wim Duisenberg bij de Europese Centrale Bank. In een vraaggesprek met de Britse krant *The Times* van 16 oktober 2000 maakte Duisenberg duidelijk dat er geen steunaankopen voor de euro zouden worden gedaan, terwijl de euro al buitengewoon zwak was ten opzichte van de dollar. Als gevolg van zijn uitspraken werden euro's massaal gedumpt, waardoor de koers van de jonge munt naar een nieuw dieptepunt zakte. De hele financiële wereld viel over Duisenberg heen.

De ware boosdoener was overigens niet Bernanke maar de grote maestro Greenspan. Onder diens bezielende leiding verlaagde het Amerikaanse stelsel van centrale banken langdurig de rente, nadat de dotcom-zeepbel in 2000 was geknapt, in een poging verder economisch onheil af te wenden. Door het expansieve monetaire beleid van de bank kwam er te veel geld in de markt. Juist toen de economische motor leek te haperen, zag Bernanke zich gedwongen de rente verder te verhogen om de toenemende inflatie de kop in te drukken.

Bovendien was Greenspan als bankpresident de belangrijkste cheerleader van de belastingverlagingen van president Bush, ook toen duidelijk werd dat die een flink gat zouden slaan in de bodem van de Amerikaanse schatkist. Dankzij de steun van Greenspan kregen de Republikeinen in de Senaat de benodigde stemmen van Democraten om de belastingverlagingen van Bush er door te drukken. Net als de lage rente hebben die ervoor gezorgd dat de markt werd overspoeld met geld.

Toen het steeds verder oplopende begrotingstekort zelfs Greenspan te gortig werd, pleitte die niet voor het terugdraaien van de onverantwoorde belastingverlagingen van de regering-Bush, maar voor ingrijpende bezuinigingen op de in de VS toch al zo sobere sociale voorzieningen. Terwijl de allerrijkste Amerikanen juist onevenredig hebben geprofiteerd van de belastingverlagingen; zo ging maar liefst 32 procent ervan naar de top 1 procent van de huishoudens. Voormalig vicepresident Dick Cheney hoeft nu – met dank aan de voormalig bankpresident – jaarlijks ruim één miljoen dollar minder aan belasting af te dragen. Parels voor de zwijnen.

En wat doet Alan Greenspan? Die toert sinds hij gepensioneerd is door het land, om lezingen te houden voor fondsbeheerders à 250.000 dollar per lezing. Hij heeft het wijselijk aan zijn opvolger Bernanke overgelaten om de stal uit te mesten.

Aandeelhoudersfetisjisme

Begin april 2007 riep Bernard Wientjes, de voorzitter van werkge-
versorganisatie VNO-NCW, de Haagse politiek op om de macht van
aandeelhouders aan banden te leggen. SER-voorzitter Alexander
Rinnooy Kan liet zich twee dagen later in dezelfde zin als Wientjes
uit. Volgens Wientjes bewijst de overnamestrijd om ABN Amro dat
de macht van aandeelhouders te ver kan gaan. Hij verwijt het huidige kabinet gebrek aan visie als het gaat om hoe Nederland zich
moet opstellen in een globaliserende wereld.

De aandeelhoudersdominantie is nog maar van recente datum.
In juli 2001 bepaalde de Ondernemingskamer inzake de Holland-
sche Beton Groep (HBG) dat een onderneming verplicht is om
aandeelhouders te consulteren voorafgaand aan belangrijke strategische ondernemingsbeslissingen. Het ging destijds om het af-
wijzen van een aanbod van Boskalis en het aangaan van een joint
venture met Ballast Nedam door HBG.

Ruim anderhalf jaar later, in februari 2003, haalde de Hoge
Raad een streep door de uitspraak van de Ondernemingskamer. In
de ogen van 's lands hoogste rechtscollege boden regelgeving, lite-
ratuur en de heersende opvattingen omtrent corporate governan-
ce onvoldoende basis voor de consultatieplicht van de onderneming tegenover de aandeelhouders. Maar de uitspraak van het
college kon het tij niet keren.

Op het moment dat de Hoge Raad uitspraak deed in de HBG-
zaak was er al een wetsvoorstel bij de Tweede Kamer aanhangig dat
aan aandeelhouders een veel verstrekkender bevoegdheid toeken-
de – namelijk een *goedkeurings*recht ten aanzien van alle onderne-
mingsbesluiten die de identiteit of het karakter van de vennoot-

schap raken (artikel 107a boek 2 van het Burgerlijk Wetboek).

Volgens ingewijden is het goedkeuringsrecht dat aandeelhouders in 2003 in de schoot geworpen kregen onder meer te danken aan de anti-establishment houding van de toenmalige minister van Financiën, Gerrit Zalm, en de neoliberale wind die in die tijd tot stormkracht was aangewakkerd. Een giftig mengsel, aldus betrokkenen. Binnen het neoliberale marktdenken hebben de aandeelhouders *altijd* gelijk.

De gevolgen daarvan zijn goed zichtbaar geworden. Het was natuurlijk prima dat activistische hedgefondsen als TCI managers als ABN Amro-topman Rijkman Groenink het zweet op de rug hebben gezet. De bank had de problemen die hij kreeg grotendeels aan zichzelf te danken. Minder fraai is het dat de falende topman 20 miljoen euro aan zijn eigen incompetentie overhield terwijl Nederland een van haar grootste hoofdkantoren verloor inclusief de bijbehorende arbeidsplaatsen.

Een woordvoerder van het ministerie van Financiën liet in dezelfde tijd, april 2007, weten dat er geen plannen bestonden om de maatregelen die tot de huidige aandeelhoudersdominantie hebben geleid terug te draaien. Wel werd, aldus de woordvoerder, in samenwerking met VNO-NCW bekeken met welke maatregelen het Nederlandse vestigingsklimaat voor hoofdkantoren kan worden verbeterd.

Behalve door te zorgen voor een gunstig fiscaal klimaat, kunnen hoofdkantoren van multinationals ook worden verleid door het juridische kader waarbinnen ze moeten opereren te versoepelen. De Amerikaanse staat Delaware maakt op deze manier furore. De Delaware General Corporation Law geeft ondernemingen grote flexibiliteit om hun zaken naar eigen inzicht te managen. Zestig procent van de aan de New Yorkse aandelenbeurs genoteerde bedrijven heeft zijn statutaire zetel in het ministaatje aan de oostkust van de Verenigde Staten.

Binnen Europa biedt het Verenigd Koninkrijk ondernemingen

nu de meeste flexibiliteit. Dat is een van de redenen waarom Shell haar hoofdkantoor in Den Haag heeft maar haar statutaire zetel overzee. Een nog belangrijker oorzaak is gelegen in het feit dat aan de Londense beurs alleen Britse ondernemingen een notering kunnen krijgen. (Vraag is overigens wel hoe het in hemelsnaam mogelijk is in een verenigd Europa dat de Britten niet-Britse ondernemingen kunnen weren van de beurs.)

De maatregelen voor de verbetering van het vestigingsklimaat bleven ondertussen keurig binnen het neoliberale marktmodel. In een wereld waarin een dergelijk model heilig is, kan het zomaar gebeuren dat een Amerikaanse hedgefondsmanager een jaarsalaris van 1,7 miljard dollar opstrijkt, zoals James Simons van Renaissance Technologies Corporation in 2006 deed. Simons' inkomen is meer dan 38.000 keer het gemiddelde inkomen van een Amerikaan. Twee andere Amerikaanse hedgefondsmanagers namen datzelfde jaar ieder meer dan een miljard dollar mee naar huis.

De Venezolaanse president Chávez daarentegen moet niets hebben van het neoliberale marktdenken. Ter gelegenheid van de Dag van de Arbeid kondigde hij in 2007 aan alle banden met de Wereldbank en het Internationale Monetaire Fonds te zullen verbreken. Chávez betitelde beide organisaties tijdens zijn 1 mei-toespraak als 'mechanismen van imperialisme' die ontwikkelingslanden uitbuiten. Tegelijkertijd verhoogde Chávez per decreet het wettelijk minimumloon met twintig procent.

Zowel de retoriek van Hugo Chávez als de 1,7 miljard dollar van James Simons roept diepe weerzin op. Of spreek ik dan alleen voor mezelf?

Greenspans verdriet

In een interview met NRC *Handelsblad* zei Alan Greenspan, de voormalig president van het Amerikaanse stelsel van Centrale Banken (Fed), diepbedroefd te zijn over de machtshonger van de Amerikaanse regering-Bush. Berouw komt na de zonde, zo blijkt uit zijn in september 2007 verschenen autobiografie *Een turbulente tijd.*

Diezelfde Greenspan namelijk heeft in 2001 president Bush geholpen om grootscheepse belastingverlagingen, die voornamelijk ten goede kwamen aan de allerrijkste Amerikanen, door te voeren. De twijfelachtige uitkomst van de presidentsverkiezingen in november 2000 zorgde ervoor dat de kersverse president in zijn eerste jaar in het Witte Huis weinig vertrouwen genoot. Het was daardoor in 2001 allerminst zeker dat Bush voldoende steun zou krijgen in de Senaat en het Huis van Afgevaardigden voor zijn controversiële belastingplannen.

Dat veranderde toen Alan Greenspan een verklaring aflegde tijdens een hoorzitting van de Amerikaanse senaat. Terwijl hij president Clinton gedurende diens twee ambtstermijnen altijd had aangespoord tot financiële behoedzaamheid, draaide Greenspan in 2001 als een blad aan een boom om. Opeens was het hem een verschrikking dat de VS de volledige staatsschuld zouden afbetalen. Om dat te vermijden, pleitte hij voor belastingverlagingen.

Het was alsof de dijken doorbraken. De begrotingsoverschotten die gedurende de Clinton-jaren waren ontstaan verdwenen als sneeuw voor de zon toen het Amerikaanse congres instemde met het voorstel van de regering-Bush om over een periode van tien jaar de belastingen met ruim tweeduizend miljard dollars te verlagen. De rijkste 1 procent van de Amerikanen streek maar liefst 32 procent van deze belastingverlagingen op. Slechts 1 procent ervan kwam ten goede aan de 20 procent Amerikanen met de laagste inkomens.

In de belevingswereld van de voormalige Amerikaanse president was dat een volstrekt redelijke uitkomst: natuurlijk profiteren zij die de meeste belasting betalen het meest van een belastingverlaging. Maar bij Greenspan, die voor zijn memoires een voorschot van ruim 8 miljoen dollar kreeg van uitgeverij Penguin en zelf in het percentiel bestverdienende Amerikanen valt, is het geweten kennelijk toch gaan knagen.

Daarbij zal ook een rol spelen dat het Amerikaanse begrotingstekort mede debet is aan de huidige crisis op de financiële markten. Zoals *New York Times*-columnist en een van Greenspans felste criticasters, Paul Krugman, opmerkte: het berouw van de voormalig centralebankpresident komt zes jaar en enkele duizenden miljarden dollars te laat.

Greenspan beweert nu bij hoog en bij laag dat het niet zijn bedoeling was om Bush het groene licht te geven voor de belastingverlagingen, en dat hij verbaasd was over de wijze waarop de politici in Washington op zijn verklaring reageerden. Er waren destijds inderdaad geruchten dat Greenspan daarover verontrust was. Als bankpresident had Greenspan echter voldoende gelegenheid om het ontstane beeld te corrigeren en dat heeft hij dus niet gedaan.

Integendeel. De eerste gelegenheid om het misverstand uit de wereld te helpen kwam al een paar weken na zijn aanvankelijke verklaring bij een andere hoorzitting voor het Amerikaanse congres. Greenspan weigerde toen evenwel antwoord te geven op de vragen van congresleden over de wenselijkheid van de omvangrijke belastingverlagingen. In 2003 maakte Greenspan ook geen bezwaar tegen de nieuwe ronde lastenverlichtingen die Bush afkondigde. Het begrotingsoverschot was op dat moment allang verdwenen.

Toen gerenommeerde economen als Lawrence Summers in oktober 2004 tijdens de jaarvergadering van het Internationale Monetaire Fonds in Washington hun bezorgdheid uitten over het dubbele financieringstekort van de VS (daarmee wordt bedoeld het tekort op de betalingsbalans en het begrotingstekort) sprak de toenmalige Fed-voorzitter tot ieders stomme verbazing opwekkende woorden.

Het recordtekort op de betalingsbalans was in Greenspans ogen het beste bewijs van de vitaliteit van de Amerikaanse economie. Waarom waren buitenlandse investeerders anders nog steeds bereid om geld in het land te investeren, aldus Greenspan. Economisch verslaggever Maarten Schinkel berichtte er in oktober 2004 in NRC *Handelsblad* over onder de spottende kop 'Alan Greenspans laatste vondst'.

Medio 2007 is duidelijk geworden dat de Amerikaanse economie meer weg heeft van een tjuk-tjuk dan van een turbodieselmotor. Greenspans opvolger, Ben Bernanke, zag zich in september van dat jaar dan ook gedwongen om het officiële rentetarief met een half procentpunt te verlagen in een poging een economische recessie af te wenden. Het is evident dat dat niet echt gelukt is. Het aantal beschikbare banen in de VS is sindsdien blijven dalen, om over de malaise op de huizenmarkt maar te zwijgen.

Greenspans verantwoordelijkheid voor de puinhoop op de financiële markten reikt verder dan de rol die hij speelde als cheerleader van de belastingverlagingen van president Bush. Onder zijn leiding verlaagde de Fed langdurig de rente nadat de internetbubbel in maart 2000 was gebarsten. Door zijn expansieve monetaire beleid werd de toch al niet geringe Amerikaanse bestedingsdrift verder aangewakkerd. Zo kon ook de speculatieve zeepbel op de huizenmarkt ontstaan. Het was Greenspan die de Amerikanen jarenlang liet geloven dat de bomen tot in de hemel groeiden.

Bij alle krokodillentranen die hij nu huilt over de financiële puinhoop die hij zelf achterliet, heeft hij ook geen schone handen als het gaat om de oorlog in Irak. In het interview met Maarten

Schinkel en Freek Staps zegt Greenspan dat hij het 'bedroevend' vindt dat 'het de politiek niet uitkomt toe te geven wat iedereen al weet, namelijk dat de oorlog in Irak vooral om de olie in de regio draait'.

Naar nu blijkt heeft Greenspan, voorafgaand aan de invasie van Irak in 2004, tegen president Bush en vicepresident Cheney gezegd dat de invasie van Irak essentieel was om de wereldwijde olievoorraden veilig te stellen. Was getekend sterverslaggever Bob Woodward, bekend van het Watergate-schandaal, in de Amerikaanse krant *The Washington Post*.

Ja, het is een turbulente tijd. Met dank aan Alan Greenspan.

De kredietkrach

De crisis op de Amerikaanse hypotheekmarkt is volgens het satirische televisieprogramma *The Daily Show* de wraak van de zwarte gemeenschap op de Witte Man (zwarte Amerikanen zijn sterk oververtegenwoordigd in het *subprime*-marktsegment). Subprime-hypotheken zijn hypotheken met een verhoogd risico. In het financiële debacle zou 100 miljard dollar zijn kwijtgespeeld.

Het eerste slachtoffer van de crisis op Wall Street was Warren Spector, de tweede man van zakenbank Bear Stearns. Als hoofdverantwoordelijke voor de twee hedgefondsen van de bank die als gevolg van de onbetaald gebleven hypotheekleningen in juni 2007 instortten, moest hij het veld ruimen. De problemen bij de twee hedgefondsen zorgden wereldwijd voor verliezen op de obligatiemarkten. Een derde hedgefonds van dezelfde bank verkeerde daarna zozeer in zwaar weer dat investeerders hun geld niet meer uit het fonds mochten terugtrekken. Het aandeel Bear Stearns verloor in ruim een half jaar bijna eenderde van zijn waarde.

De Amerikaanse zakenbank was altijd een *powerhouse* in de obligatiemarkt, maar overspeelde zijn hand door roekeloos te investeren in risicovolle hypotheken. Niet dat de chique zakenbank zelf hypotheekleningen verstrekte aan Amerikanen met een beroerde *credit history*. Vroeger hielden hypotheekverstrekkers zelf de hypotheekleningen aan totdat die waren afbetaald. Maar sinds 2000 worden de hypotheken steeds vaker doorverkocht aan zakenbanken als Bear Stearns, die er beleggingsproducten van maken. Eind 2007 was nog maar 20 procent van de hypotheken in de VS in handen van de oorspronkelijke hypotheekverstrekker. De overige 80 procent was meteen doorverkocht. Met de opbrengsten werden nieuwe hypotheken gefinancierd, die de afgelopen jaren met steeds agressievere verkooptechnieken aan minder solvabele huiseigenaren zijn gesleten.

Omdat het leeuwendeel van de hypotheken toch wordt doorverkocht, maakt het voor de hypotheekverstrekkers weinig meer uit of een klant kredietwaardig is. De inkomensverklaringen zijn de afgelopen jaren nauwelijks gecontroleerd (volgens *The Daily Show* heeft Oprah Winfrey zich garant gesteld voor alle subprimeleningen). Klanten zijn gelokt met zogenoemde *teaser rates*, superlage rentetarieven die na het eerste jaar snel stijgen. In maart 2007, ver voordat de financiële crisis in oktober in zijn volle omvang duidelijk werd, was er bij één op de vijf subprime-hypotheken sprake van betalingsachterstand of executie van de hypotheek. Alleen al in de eerste zes maanden van 2007 kwamen een miljoen woningen in Amerika op de huizenmarkt als gevolg van executoriale verkoop.

Grote investeerders hebben – zonder zich eerst goed te verdiepen in de risico's – een groot deel van hun vermogen belegd in de nieuwe fondsen die de hypotheken gebruiken als onderpand. zakenbanken hebben er bovendien alles aan gedaan om door middel van vernuftige financiële vehikels het zicht op de kredietrisico's te ontnemen. En ook de kredietbeoordelaars als Moodys en Standard & Poors hebben hun werk niet goed gedaan: investeringsfondsen die waren opgebouwd uit subprime-hypotheken (BBB) hebben niettemin in veel gevallen de beste kredietscore (AAA) gekregen. Je kunt je afvragen in hoeverre belangenverstrengeling hierbij een rol speelt: Moodys en Standard & Poors worden betaald door de zakenbanken waarvan ze de kredietwaardigheid beoordelen.

Het totale gebrek aan transparantie is misschien wel het belangrijkste bezwaar tegen de hedgefondsen. Net als de onfortuinlijke Jörgen Hofmeester in Arnon Grunbergs *Tirza*, die drie jaar na het verdwijnen van zijn Zwitserse hedgefonds nog niet wist wat er eigenlijk was verdwenen (ook zijn dochters economieleraar kon het hem niet uitleggen), is het nu volstrekt onduidelijk wie precies de pijn van de hypotheekcrisis gaat voelen. De grote Nederlandse pensioenfondsen willen in hun mooiste jargon niet meer kwijt dan dat ze alleen via hedgefonds-strategieën blootgesteld worden aan de subprime-markt en dat deze strategieën tot nu toe een mooi rendement hebben laten zien, en dat bij het beheer van beleggingen in bedrijfsobligaties de nadruk ligt op leningen aan eersteklas debiteuren.

Dat laatste zegt niet alles. De Duitse bank IKB pochte eind juni 2007 nog dat de bank uitmuntende resultaten had behaald en dat de spelers op de kapitaalmarkten veel waarde hechtten aan IKB's risicomanagement. Een maand later moest de bank door diezelfde spelers worden gered. IKB was enkele weken later overnamekandidaat.

Uit voorzorg is Bear Stearns de faillissementsprocedure voor de twee hedgefondsen begonnen op de Kaaimaneilanden, in plaats van in New York, in een poging om de financiële claims van crediteuren en investeerders illusoir te maken. Onder het daar geldende recht worden de belangen van de hedgefondsmanagers beter beschermd dan die van investeerders en crediteuren.

De managers van hedgefondsen hebben zich de afgelopen periode gedragen als *Masters of the Universe*. ABN Amro-topman Rijkman Groenink kan daar als geen ander over meepraten. Maar de grote investeerders zijn achterdochtig geworden, en ze zijn begonnen om hun vermogen uit de hedgefondsen terug te trekken. De verwachting is dat door de stijgende financieringskosten veel van de bedrijfsovernames die nu nog in de pijplijn zitten, en die vaak voor een belangrijk deel met vreemd vermogen moeten worden gefinancierd, geen doorgang kunnen vinden.

Onheilstijdingen

In het voorjaar van 2008 bleven onheilstijdingen over de crisis die de financiële markten teistert maar binnenstromen. Het noopte de Fed half maart om in een spoedvergadering bijeen te komen en de rente met een kwart procent te verlagen. Ook zegde ze toe om twintig banken financieel te hulp te schieten in geval van nood en te helpen bij de overname van de zakenbank Bear Stearns door JP Morgan Chase.

Terwijl de aandelen Bear Stearns een jaar daarvoor nog 170 dollar waard waren ging de arrogante zakenbank in maart 2008 voor 2 dollar per aandeel van de hand. Het totale bedrag dat JP Morgan voor de bank bood was minder dan de waarde van het kantoorgebouw van Bear Stearns in Midtown Manhattan. De neergang van Bear Stearns begon in de zomer van 2006 toen het faillissement van twee hedgefondsen van de bank de eerste fase van de hypotheekcrisis inluidde.

Het is een klassiek voorbeeld van hoe liquiditeitsproblemen en verlies van vertrouwen razendsnel tot een crisis kunnen leiden waarbij een bank niet langer in staat is om aan zijn verplichtingen te voldoen. Dit geldt des te meer voor zakenbanken omdat die meer afhankelijk zijn van kortetermijnfinanciering dan commerciële banken. Daarom groeide de twijfel over de vraag of Bear Stearns wel aan zijn verplichtingen zou kunnen voldoen. Andere banken weigerden nog langer met Bear Stearns in zee te gaan omdat het huishoudboekje van de bank volstond met complexe, aan hypotheken gerelateerde, financiële producten waarvan de waarde moeilijk te bepalen is.

Bear Stearns is altijd een van de belangrijkste promotors van riskante hypotheekproducten geweest en verdiende het daarom om, in het zog van de hypotheekcrisis, bankroet te gaan. Dat de Fed de zakenbank niettemin te hulp schoot en hielp bij een ordelijke transitie naar JP Morgan Chase, kwam voort uit angst dat de ineenstorting van een van de grootste zakenbanken tot paniek zou leiden in de markten en grote schade zou aanrichten in de verdere economie.

De reddingsactie van de Fed leverde, behalve begrip, ook schampere reacties op. '*Wall Street on Welfare*' sneerde *Washington Post*-columnist E.J. Dionne. De fanatieke pleitbezorgers van de vrije markt en een minimum aan overheidsinterventie schroomden niet – toen het vuur hen na aan de schenen werd gelegd – om hun hand op te houden bij diezelfde overheid. Op kosten van de Amerikaanse belastingbetaler werden de schatrijke zakenbankiers uit de brand geholpen.

De voormalige baas van Bear Stearns, Alan Greenberg, was een paar jaar geleden nog de bestbetaalde CEO van Amerika. De publieke verontwaardiging over de exorbitante beloningen die hij opstreek, jaarlijks tientallen miljoenen dollars, wuifde Greenberg geergerd weg. 'Ziek' werd hij ervan, zo zei hij. Het probleem was gewoon dat hij té goed was in zijn werk. Het resultaat van zijn goede werk is nu duidelijk geworden. Geobsedeerd door de gigantische bonussen heeft de top van Bear Stearns onverantwoorde risico's genomen. De aandelenopties en bonussen voor het topmanagement hebben de speculatieve bubbels op de financiële markten aangewakkerd. En toen de zeepbel knapte stond New York te schudden op zijn kapitalistische grondvesten.

De voorzitter van de Fed, Ben Bernanke, probeerde met verschillende maatregelen een economische recessie buiten de deur te houden en de rust op de kredietmarkten te herstellen. De officiële rente werd verlaagd naar 2,25 procent. Maar veel van de problemen waar Bernanke zich voor gesteld zag waren door hem niet op te lossen omdat ze buiten het bereik van de Fed liggen. Het is bijvoorbeeld onwaarschijnlijk dat potentiële kopers op huizen gaan bieden waarvan ze denken dat die verder in waarde zullen dalen, ongeacht hoeveel verder de centrale bank de rente verlaagt.

Banken die lijden onder de zich opstapelende verliezen op leningen zullen ervoor terugschrikken om geld te lenen aan minder kredietwaardige partijen, hoeveel geld de centrale bank ook in het financiële systeem pompt. Bovendien zullen investeerders voorlopig nog wel nerveus blijven, zelfs wanneer de Fed financiële instellingen een helpende hand toesteekt als de nood aan de bank komt.

Aanvankelijk bleef de paniek beperkt tot mensen die goed zijn ingevoerd in de financiële wereld. Maar toen nam onverwacht het aantal banen af. De crisis belandde in de fase waarbij gewone mensen hun huizen verliezen, en ook hun banen. Kortom, aangezien het pakket reddingsmaatregelen niet werkte verspreidde de financiële crisis zich van Wall Street naar de rest van de Amerikaanse economie.

En alsof het nog niet genoeg was, daalde de dollar in het voorjaar van 2008 15 procent in waarde ten opzichte van de euro. De vertegenwoordiger van de Europese Centrale Bank bij het Internationaal Monetair Fonds in Washington, Onno Wijnholds, noemde twee jaar geleden een dollarkrach nog een '*low probability but high risk-scenario*' (zie ook 'De omsingeling', pag. 107). Wijnholds spreekt nu van 'verhoogde waakzaamheid'. Hoeveel onheilstijdingen kan mijn geliefde stad New York nog aan?

Het trans-Atlantisch verschil

De Europese Centrale Bank (ECB) verhoogde begin juli 2008 voor het eerst in ruim een jaar de rente, met een kwart procentpunt naar 4,25 procent. Volgens ECB-voorzitter Jean-Claude Trichet was de verhoging noodzakelijk met het oog op de oplopende inflatie. Op BNR Nieuwsradio kraaide een financieel commentator victorie, zij het dat hij daar wel een Amerikaanse uitdrukking voor nodig had: 'Trichet puts his money where his mouth is.' De commentator op de zakenzender zei dat de ECB de leidende positie van de Amerikaanse Federal Reserve had overgenomen, en dat het rentebesluit van Trichet richtinggevend zou zijn voor andere centrale banken. Die zouden, net als de ECB, het in toom houden van inflatie als hun belangrijkste taak moeten zien, en de rente moeten verhogen.

Tijdens een conferentie over de rol van geldmarkten in New York in mei 2008 bezondigden de deelnemers zich aan Bernanke-*bashing*, aldus *New York Times*-columnist, econoom en Nobelprijswinnaar Paul Krugman. In plaats van dat Ben Bernanke, de president van het Amerikaanse stelsel van centrale banken (Fed), werd geprezen omdat hij kort daarvoor een ineenstorting van het financiële systeem had afgewend, werd hij ervan beschuldigd soft te zijn op het punt van inflatie. De communis opinio onder economen leek te zijn dat Bernanke de verkeerde vijand had bestreden: inflatie, en niet de bankencrisis, was van meet af aan de grootste bedreiging geweest.

Met name Willem Buiter, hoogleraar Europese politieke economie aan de London School of Economics, liet zich in scherpe bewoordingen uit over de Amerikaanse Fed. In zijn paper 'Lessons from the North Atlantic Financial Crisis', die tijdens de conferentie werd gepresenteerd, stelt hij dat de Fed van alle centrale banken tot nu toe het slechtst heeft geopereerd in de kredietcrisis. In Buiters ogen is Bernanke, net als zijn voorganger Greenspan, een gevangene van Wall Street en heeft hij de belangen en percepties van zakenbankiers geïnternaliseerd. De reddingsactie rondom zakenbank Bear Stearns en de agressieve renteverlagingen zouden hier het bewijs van zijn.

Het nieuwe *buzz*-woord is stagflatie – dat is de situatie waarin inflatie hand in hand gaat met werkloosheid en stagnerende economische groei. Trichet waarschuwde tijdens zijn persconferentie dat werknemers geen loonsverhoging moesten eisen om de prijsstijgingen te compenseren. Dat zou een loon-prijsspiraal kunnen veroorzaken zoals die zich in de jaren zeventig voordeed. De vakbonden bedongen toen meerjarige contracten die voorzagen in loonstijgingen van meer dan 10 procent per jaar omdat men een inflatie van meer dan 10 procent verwachtte. De werkgevers verhoogden op hun beurt de prijzen nog verder, en de vakbonden bedongen in de eerstvolgende onderhandelingsronde weer nieuwe loonsverhogingen.

Een herhaling van dit scenario is om een aantal redenen niet waarschijnlijk, althans niet in de Verenigde Staten. Hoewel Amerikanen zich zorgen maken over de stijging van de kosten voor levensonderhoud (de Franse bakker bij mij om de hoek heeft de prijs van stokbrood binnen enkele maanden verhoogd van twee dollar naar twee dollar 75 cent en een volle tank benzine kost inmiddels 100 dollar) zijn de vakbonden deze keer in geen velden of wegen te bekennen. De organisatiegraad onder werknemers is bijna gehalveerd sinds de jaren zeventig en bedraagt nog maar 12 procent. Sinds januari van dit jaar zijn honderdduizenden banen in de VS verloren gegaan (terwijl maandelijks alleen al 150.000 nieuwe banen nodig zijn om de groei van de beroepsbevolking op te vangen). Als gevolg van de zwakke arbeidsmarkt stijgen de lonen de laatste tijd juist minder snel.

Ook dreigt er in de VS geen structureel personeelstekort dankzij het hoge geboortegetal (2,1 kind per vrouw), het ruimhartige migratiebeleid en door de offshoring van banen naar lagelonenlanden. De Amerikaanse arbeidsmarkt is bovendien vergaand gedereguleerd. Zo is er geen ontslagbescherming van betekenis zodat insiders op de arbeidsmarkt niet in staat zijn hoge lonen te bedingen ten koste van outsiders. Het komt in Amerika voor dat werkgevers alle medewerkers ontslaan, om ze vervolgens weer naar hun eigen baan te laten solliciteren. (In Nederland hebben we overigens ook iets dergelijks, bekend als de methode-De Blécourt, waarbij werknemers mogen solliciteren naar een nieuwe baan.)

Als er geen gevaar bestaat voor een loon-prijsspiraal, is het verdedigbaar om de rente niet te verhogen, althans zolang het gevaar van de kredietcrisis niet geweken is. Daar komt bij dat de Amerikaanse economie op de rand van een recessie balanceert (als je de economische groei corrigeert voor de bevolkingsaanwas, dan is er al sinds het vierde kwartaal van 2007 sprake van een recessie). Uiteindelijk zal, onder invloed van vraag en aanbod, de stijging van de grondstoffenprijzen afvlakken en de inflatie teruglopen. De prijsstijgingen zullen dan goeddeels geabsorbeerd zijn door de Amerikaanse consument.

De situatie in Europa ligt heel anders. De Europese vakbonden, waar nog steeds ruim een kwart van de werknemers bij is aangesloten, zijn op voorhand niet bereid gehoor te geven aan de oproep van Trichet om af te zien van prijscompensatie. De bonden hebben ook geen aanleiding om zich terughoudend op te stellen. De eerste babyboomers zijn met pensioen en de beroepsbevolking zal over een paar jaar beginnen te krimpen. De kans op een nieuwe babyboom is klein (het geboortegetal schommelt al jaren rond 1,5) en op een nieuwe toevloed van migranten zit vrijwel niemand in Europa te wachten. Een structureel personeelstekort dient zich dus aan. Tel daar nog de uitgebreide regelingen voor ontslagbescherming bij en de conclusie kan geen andere zijn dan dat de bonden en werknemers een ijzersterke onderhandelingspositie hebben bij de komende loonrondes.

In Europa zijn alle ingrediënten voor een loon-prijsspiraal aanwezig. Jean-Claude Trichet is terecht bezorgd. Het is echter weinig zinvol die ongerustheid te projecteren op zijn Amerikaanse collega Ben Bernanke. Daarvoor zijn de trans-Atlantische verschillen te groot.

Fannie, Freddie en Fortis

Crisissen ontwikkelen zich soms sneller dan een columnist kan schrijven. De inkt van mijn vorige column was nog nauwelijks droog of de Californische hypotheekbank IndyMac viel om. Ondertussen moest de Fed twee andere Amerikaanse hypotheekbanken te hulp schieten om ze van de ondergang redden: Fannie Mae en Freddie Mac die tezamen meer dan de helft van de 12.000 miljard dollar aan uitstaande hypotheken in de Verenigde Staten financieren.

Fannie Mae (Federal National Mortgage Association) werd in de jaren dertig opgericht om eigen woningbezit te stimuleren, door het garanderen, opkopen en doorverkopen van hypotheken waardoor bij primaire hypotheekbanken weer geld vrijkwam om nieuwe leningen te verstrekken. Freddie Mac werd in de jaren zeventig in het leven geroepen om de monopoliepositie van Fannie Mae te doorbreken. Beide hebben part noch deel aan het *subprime*-debacle, omdat Fannie en Freddie van overheidswege alleen hypotheken mogen opkopen waarbij substantiële aanbetalingen zijn gedaan en het inkomen van de hypotheeknemers goed is gedocumenteerd.

Dat zelfs deze semi-publieke hypotheekreuzen die handelden in goede hypotheken in de problemen zijn gekomen is exemplarisch voor de omvang van de zeepbel op de Amerikaanse huizenmarkt. Hypotheeknemers die hun huis hadden gekocht toen de markt op zijn top was, konden door de enorme waardedalingen nu toch in de problemen komen, ook al hadden ze destijds twintig procent van de aankoopprijs aanbetaald.

Maar er is ook een andere oorzaak aan te wijzen voor de sores van Fannie en Freddie. Zo prudent als beide banken (noodge-dwongen) waren in hun handel, zo lichtvaardig sprongen ze om met de financiering van hun zakelijke activiteiten. Het overgrote deel bestond uit vreemd vermogen (geleend geld) en slechts een klein deel uit eigen vermogen. Een dergelijke *leverage* is fiscaal voordelig, omdat in de VS net als in Nederland betaalde rente wel voor de vennootschapsbelasting mag worden afgetrokken, en uit-gekeerd dividend niet.

Fannie en Freddie waren op die manier erg kwetsbaar geworden voor de fall-out van de kredietcrisis; geld lenen is daardoor voor ondernemingen immers veel duurder geworden. Om beide ban-ken overeind te houden, presenteerden centralebankpresident Ben Bernanke en minister van Financiën Henry Paulson een red-dingsplan, dat er onder meer in voorziet dat de hypotheekbanken meer geld kunnen lenen van de overheid en de Fed én dat Paulson de bevoegdheid geeft om onbegrensde hoeveelheden aandelen Fannie en Freddie op te kopen. Paulson, die voordat hij minister van Financiën werd bestuursvoorzitter was van zakenbank Gold-man Sachs, belde bovendien persoonlijk met investeerders om ze over te halen in obligaties Fannie en Freddie te investeren. Een woordvoerder van DNB wilde niet zeggen of Paulson ('Hank' voor vrienden) ook met Wellink heeft gebeld.

In de dagen volgend op de reddingsoperatie ten behoeve van Fannie en Freddie, tuimelde het aandeel Fortis op de Amsterdamse beurs. De Belgisch-Nederlandse bank-verzekeraar zag zich op 15 juli zelfs gedwongen voor sluiting van de markt een persbericht uit te geven om beleggers gerust te stellen over zijn kapitaalpositie. Net als haar Amerikaanse *sisters* Fannie en Freddie is Fortis voor het overgrote deel met vreemd vermogen gefinancierd. Fortis moest het afgelopen jaar vele miljarden lenen om de 24 miljard eu-ro voor de aankoop van een deel van ABN Amro neer te kunnen tellen. Toen eind juni het eigen vermogen de kritische ondergrens van 6 procent van het totale vermogen naderde, moest Fortis 8,3 miljard euro bij elkaar brengen om aan de wettelijke solvabiliteitseisen te kunnen blijven voldoen.

Afgaand op berichten in de internationale financiële media trok de noodemissie een bonte stoet beleggers. Onder de partijen die Fortis voorzagen van de broodnodige kapitaalinjectie waren het staatsfonds LIA van de Libische leider Moammar Gaddafi, de Zwitserse investeringsdochter Millennium Group van de Russische oliemiljardair Suleiman Kerimov en de Chinese (staats)bank Ping An, die eind 2007 ook al een miljardenbelang in Fortis had genomen.

Een hooggeplaatste ambtenaar bij de Europese Commissie vertelde me dat men in Brussel heel blij was met de helpende hand die Gaddafi & co de noodlijdende Europese banken boden. Het was bijna de enige mogelijkheid om een regelrechte bankencrisis af te wenden. Het EG-verdrag verbiedt lidstaten in beginsel om zelf de banken te hulp te schieten. De overheid mag alleen kortstondig en onder strikte voorwaarden reddingssteun verlenen in de vorm van leningen en garanties, niet in de vorm van eigen vermogen door bijvoorbeeld de aankoop van aandelen. De opening die in een voetnoot voor de bankensector wordt geboden is miniem.

Reddingsacties zoals we die in de VS hebben gezien voor Fannie en Freddie, en eerder voor zakenbank Bear Stearns, zouden in Europa niet zomaar mogelijk zijn. De Commissie heeft op 2 april een formeel onderzoek geopend naar de nationalisatie van de Britse bank Northern Rock die onder een bankrun dreigde te bezwijken. Ook de noodmaatregelen die in werking treden ingeval Fortis omvalt, kunnen de Brusselse staatssteuntoets waarschijnlijk niet doorstaan. We laten liever de Libiërs, Chinezen en Russen de zaak overnemen. Alsof dat een vrije markt garandeert.

Ga maar na. Als vijf verschillende Chinese staatsondernemingen ieder een grote bank in Europa overnemen, is er geen Europese rechtsregel die zich daartegen verzet. (Bij de woordvoerder van commissaris Kroes voor Mededinging heet het dat elke zaak op zijn eigen merites wordt beoordeeld). U denkt wellicht: 'Het zal zo'n vaart niet lopen.' Maar ik denk: 'Beter te hard geblazen dan de mond gebrand.'

Naschrift: Na de val van de Amerikaanse zakenbank Lehman Brothers in september 2008 balanceerde het wereldwijde financiële stelsel op de rand van de afgrond. In Nederland dreigden financiële instellingen als Aegon, Fortis (inclusief ABN Amro Nederland) en ING in de val te worden meegesleurd. Eurocommissaris Kroes heeft toen besloten om steun aan banken goed te keuren op grond van artikel 87(3)b van het EG-Verdrag: 'Steunmaatregelen om een ernstige verstoring in de economie van een lidstaat op te heffen'.

Hansje Brinker Kroes

Begin december 2008 stond op de voorpagina van NRC *Handelsblad* een zorgelijk stukje over eurocommissaris Neelie Kroes die vreesde dat Commissie-voorzitter José Manuel Barroso haar niet zou steunen bij het handhaven van de Europese staatssteunregels. Volgens welingelichte Commissie-functionarissen zou Barroso 'manipuleerbaar' zijn omdat hij in 2009 een tweede termijn wil als voorzitter van de Europese Commissie. Staatshoofden bellen niet langer met de commissaris voor mededinging als ze een geschil over staatssteun willen beslechten maar rechtstreeks met Barroso om politieke druk uit te oefenen, aldus anonieme bronnen.

Ingevolge artikel 87 van het EG-Verdrag is het lidstaten in beginsel verboden om staatssteun te verlenen aan hun eigen industrie. De verbodsbepaling is dermate ruim geformuleerd dat ook maatregelen die op het eerste oog geen steun vormen, zoals maatregelen in de vennootschapsbelasting en (verplichte) bijdragen aan brancheverenigingen, makkelijk binnen het bereik van artikel 87 kunnen worden gebracht. De staatssteunregels leidden tot voor kort een vrij obscuur bestaan; de media besteedden er alleen aandacht aan als de Europese Commissie de subsidie aan Artis of de overheidsbijdrage aan de bouw van een voetbalstadion dreigde te verbieden.

Maar het Europese verbod op staatssteun dreigde in de zomer van 2008 een reëel obstakel te worden voor nationale overheden die de door de financiële crisis in de problemen geraakte banken te hulp wilden schieten. Met lede ogen moesten die toezien hoe Russen, Chinezen en Libiërs de banken van het broodnodige kapitaal voorzagen, in ruil voor een vinger in de pap. Gelukkig heeft Neelie

Kroes, na de val van de Amerikaanse zakenbank Lehman Brothers, ingezien dat het desastreus zou zijn om het staatssteunverbod onverkort te handhaven. De banken zijn systematisch te belangrijk en onderling te zeer verbonden om failliet te laten gaan.

Kroes wil niet zo ver gaan om ook aan steunoperaties voor andere ondernemingen haar zegen te geven. De vraag is of dat terecht is. Ondanks de overheidsinjecties van tientallen miljarden euro's en de garantie voor interbancaire leningen weigeren banken nog steeds om geld te lenen. Ze lenen niet aan elkaar, niet aan huishoudens en ook niet aan op zich gezonde bedrijven. Die laatste raken in acute geldnood of worden geconfronteerd met veel hogere financieringslasten, waardoor ook bedrijven die onder gewone omstandigheden levensvatbaar zijn, nu plotseling verlies lijden.

De weigering van banken om de sleutelrol van financiële intermediair te vervullen kan het gevolg zijn van de blinde angst en paniek die de markten nu al maanden in hun greep houden. Een andere verklaring is dat banken op dit moment zo somber zijn over de macro-economische vooruitzichten dat ze onder deze omstandigheden elke lening een onaanvaardbaar risico vinden. Doordat banken niet of nauwelijks geld uitlenen wordt die verwachting vanzelf werkelijkheid.

Terwijl de reële economie lange tijd weinig leek te lijden onder de financiële crisis, is dat de afgelopen maanden veranderd. In de Verenigde Staten gingen in november 2008 alleen al meer dan een half miljoen banen verloren (terwijl er elke maand 150.000 banen extra nodig zijn om de werkgelegenheid op peil te houden). In Nederland werd om de twee weken de groeiverwachting voor 2009 naar beneden bijgesteld. Half december 2008 maakte het Centraal Planbureau (cpb) bekend dat Nederland volgend jaar een recessie induikt met een krimp van 0,75 procent maar dat kan net zo goed 2 procent worden, aldus cpb-directeur Coen Teulings. De verkoop van nieuwbouwwoningen is in november gehalveerd ten opzichte van een jaar eerder. Er wordt rekening gehouden met een scherpe prijsdaling. De Nederlandse economie blijkt een stuk minder 'weerbaar' dan premier Balkenende op Prinsjesdag nog veronderstelde.

President-elect Barack Obama presenteerde een 'agressief' reddingsplan voor de Amerikaanse economie. Net als zijn illustere voorganger Roosevelt wil Obama investeren in grote infrastructurele projecten als wegen en spoorwegen. Het probleem is dat deze investeringen tijd vergen. Op dit moment zijn slechts voor enkele tientallen miljarden dollars infrastructurele projecten zover gereed dat de spade de grond in kan (wat peanuts is voor de Amerikaanse economie). Nieuwe projecten hebben een aanlooptijd van minimaal een jaar en bieden tot die tijd weinig soelaas. Als het banenverlies zich zo doorzet zal het niet lang duren tot het werkloosheidscijfer in de VS (dat in januari 2009 6,75 procent bedroeg) boven de 10 procent uitkomt.

Om de economie op korte termijn een impuls te geven moet de overheid niet-financiële instellingen die in de problemen raken door de financiële crisis te hulp schieten. Dat kan door als overheid zelf leningen aan deze ondernemingen te verstrekken, of door banken te verplichten bestaande leningen die aan het einde van hun looptijd zijn, onder dezelfde voorwaarden te verlengen. Ondernemingen mogen het op deze wijze verkregen geld natuurlijk niet oppotten of uitkeren aan de ondernemingsbestuurders in de vorm van bonussen. Verder zouden banken verplicht moeten worden om een deel van hun kapitaal uit te lenen aan startende ondernemingen. Het is een kleine prijs voor de tientallen miljarden steun die ze van de minister van Financiën hebben ontvangen.

In Brussel zal ongetwijfeld een horde pennelikkers klaar zitten om eurocommissaris Kroes erop te wijzen dat een dergelijk overheidsingrijpen ten gunste van ondernemingen ontoelaatbare staatssteun vormt. Als we de berichtgeving mogen geloven is Neelie Kroes in dat geval van plan haar rug recht te houden en de staatssteunregels te handhaven. Als een Hansje Brinker heeft ze de

Europese burger beschermd tegen verdergaande overheidsbemoeienis met de vrije markt. Maar buitengewone tijden vragen om buitengewone maatregelen. Het Europese staatssteunverbod moet maar even wijken.

Het einde van het oude kapitalisme?

De financiële wereld hield de adem in toen de Amerikaanse zakenbank Lehman Brothers half september 2008 'de reis naar het faillissement' aanving, zoals *The New York Times* het met gevoel voor
dramatiek verwoordde. Anders dan bij de dreigende ondergang
van zakenbank Bear Stearns en de hypotheekbanken Fannie Mae
en Freddie Mac hadden centralebankpresident Bernanke en minister van Financiën Paulson deze keer geen financiële reddings-
boei uitgegooid.

De eerdere financiële injecties en kredietgaranties voor het
bankwezen van het tandem Bernanke en Paulson waren al aanleiding voor verhitte discussies onder economen. Normaal gesproken schiet de Amerikaanse overheid in nood verkerende bedrijven
namelijk niet te hulp. In juli gingen ruim vijfduizend bedrijven
bankroet, tachtig procent meer dan het jaar ervoor, zonder dat
Washington ook maar een krimp gaf.

Maar voor de financiële sector gelden andere regels. Niet dat elke bank in nood op de hulp van Paulson of Bernanke kan rekenen.
De afgelopen maanden zijn enkele tientallen Amerikaanse banken
vrij geruisloos van het toneel verdwenen. Maar dat waren relatief
kleine banken. Bij grote financiële instellingen ligt dat anders. 'Too
big to fail' zijn die banken waarvan de Federal Reserve vreest dat
een faillissement de hele financiële sector – en daarmee de hele
economie – zal ondermijnen.

In het geval van Bear Stearns was niet zozeer de omvang als wel
de verwevenheid van de bank met andere financiële instellingen
aanleiding voor de reddingsoperatie. De vrees bestond dat – als er
geen hulp van buiten zou komen – Bear Stearns grote hoeveelhe-

den illiquide beleggingen zou hebben geloosd op de al disfunctionele financiële markten waardoor opeenvolgende paniekverkopen tot een neerwaartse spiraal zouden hebben geleid. Om die reden zorgde de Fed voor een ordelijke transitie van Bear Stearns naar JP Morgan Chase, waarbij ze zich – op kosten van de belastingbetaler – voor 29 miljard garant stelde voor de meest giftige activa van de zakenbank.

Kort voor de ondergang van Lehman Brothers lijfde de Amerikaanse overheid Fannie en Freddie in. Het voortbestaan van beide hypotheekgiganten was in gevaar gekomen door de disproportionele financiering met vreemd vermogen (*leverage*) in combinatie met de crisis op de huizenmarkt. De kosten van deze reddingsoperatie voor de Amerikaanse belastingbetaler kunnen oplopen tot 200 miljard dollar. Formeel heet het dat Fannie en Freddie hard nodig zijn om de Amerikaanse huizenmarkt nieuw leven in te blazen. Maar een belangrijkere reden voor het overheidsingrijpen is gelegen in de bijna 400 miljard dollar aan obligaties in Fannie en Freddie die de Volksbank van China in handen heeft. Met het oog op de Amerikaanse afhankelijkheid van buitenlandse financieringsbronnen achtte Paulson het raadzaam om de voldoening van die schulden te verzekeren, en zo de relatie met China niet al te zeer op de proef te stellen.

Hoewel Lehman Brothers bijna twee keer zo groot is (of beter gezegd: was) als Bear Stearns, hebben Bernanke en Paulson toch het risico genomen om de zakenbank ten onder te laten gaan. Een belangrijk verschil met Bear Stearns, waar de aandelen in korte tijd in een duikvlucht raakten, was dat de ondergang van Lehman Brothers zich langzaam heeft voltrokken. Investeerders die in september 2008 nog belangen in de zakenbank aanhielden rekenden er stilletjes op dat de overheid wel te hulp zou schieten als puntje bij paaltje kwam, wat ook bekend is als het probleem van 'moral hazard'. Dat wil zeggen, nog meer reddingsoperaties op kosten van de belastingbetaler zou een uitgelezen recept zijn voor nieuwe vormen van financiële waaghalzerij en de basis leggen voor toekomstige financiële crises.

Maar hoe die reddingsacties ook zullen uitpakken, volgens Willem Buiter, hoogleraar Europese politieke economie aan de London School of Economics, duiden ze in ieder geval op het einde van het Amerikaanse kapitalisme, zoals we dat kenden.

Wat is China stil

De kredietcrisis was nog niet voorbij of de financiële markten waren alweer in de greep van een wereldwijde valutacrisis. Terwijl iedereen er rekening mee hield dat de Amerikaanse dollar zou instorten bleek het tegendeel het geval. De koersen van de yen en de dollar gingen in oktober 2008 steil omhoog ten opzichte van andere munten. Vooral een duurdere yen is een probleem omdat bedrijven en investeerders over de hele wereld de afgelopen jaren leningen in yen (en in mindere mate in dollar) hebben afgesloten. De rente hierop was veel lager dan de rente in het thuisland. Als de koers van de yen snel omhooggaat, explodeert de waarde van deze schulden.

Een valutacrisis treft met name opkomende economieën als de Oekraïne en Wit-Rusland. Nadat het Internationale Monetaire Fonds IJsland te hulp was geschoten met een lening van 2,1 miljard dollar, besloot het fonds de voormalige Sovjetrepubliek te helpen met een (veel grotere) lening van 16,5 miljard dollar. De hoop is dat de lening zal helpen de instortende Oekraïense economie te stabiliseren, ervan uitgaande dat de ruziënde regeringspartijen van het land overeenstemming kunnen bereiken over een hervorming van het stelsel van banken. Het IMF beloofde ook een substantieel pakket voor Hongarije en is nog in bespreking met onder andere Wit-Rusland en Pakistan over hun verzoeken tot financiële bijstand.

Ondanks de indrukwekkende bedragen die tot nu toe met de reddingsoperaties gemoeid zijn geweest, verloren financiële instellingen nog steeds sneller kapitaal dan de overheden erin stopten. De koers van het aandeel ING zakte *na* de reddingsoperatie van tien miljard euro nog verder naar beneden.

Volgens Paul Krugman, de columnist voor *The New York Times* die vorig jaar de Nobelprijs voor Economie kreeg toegekend voor zijn onderzoek naar internationale handelsstromen, kunnen de totale kosten van de Amerikaanse reddingsoperaties alleen al oplopen tot twee biljoen dollar (dat is een twee met twaalf nullen).

Na de kapitaalinjectie van 10 miljard euro voor ING zei minister van Financiën Wouter Bos (PvdA) dat er meer geld zou volgen indien nodig en dat het bedrag van 20 miljard euro in het noodfonds verder opgehoogd kon worden. Vlak daarna ging 3 miljard euro naar verzekeraar Aegon. Als je de twee biljoen dollar die mogelijk nodig zijn om Amerikaanse financiële instellingen van de ondergang te redden als richtsnoer neemt, zou het prijskaartje voor de Nederlandse belastingbetaler uit kunnen komen op 100 miljard dollar, dat wil zeggen bij de huidige wisselkoers 80 miljard euro, oftewel bijna 15 procent van het bruto nationaal product.

De vraag is of de zakken van de overheid voldoende diep zijn om het financiële stelsel te redden. Dan gaat het erom hoeveel onbenutte begrotingsruimte de overheid overheeft, wat weer afhangt van de vraag in hoeverre de overheid de contante waarde van huidige en toekomstige begrotingsoverschotten kan vergroten. Een manier om ruimte te creëren is door meer geld bij te drukken, maar daardoor zal de inflatie stijgen en de koers van de munt dalen waardoor schulden die niet in de eigen munteenheid zijn uitgedrukt nog moeilijker aflosbaar zijn. Alleen landen in de eurozone en de Verenigde Staten zouden zich dit kunnen veroorloven omdat de meeste schulden in de eigen valuta zijn uitgedrukt. Maar er is weinig kans dat de Europese Centrale Bank, die uitsluitend als taak heeft om de inflatie in de hand te houden en onafhankelijk van de politiek opereert, de geldpersen zal laten draaien (zo'n scenario is eerder denkbaar in de Verenigde Staten). De ruimte om reddingsoperaties uit te voeren is in de meeste landen dus beperkt. En ook het IMF is met 200 tot 250 miljard dollar geen grote speler.

President Sarkozy, die zich heeft opgeworpen als leider van de eurogroep, kondigde aan dat Frankrijk een staatsfonds heeft gecreëerd met als doel buitenlandse belagers op afstand te houden. Sarkozy's angst is dat met de lage beurskoersen Franse ondernemingen een verleidelijk hapje worden voor de staatsfondsen in Azië en de rijke oliestaten. 'Ik zal niet de Franse president zijn die over zes maanden wakker wordt om te zien dat de grote Franse industriële ondernemingen in andere handen zijn overgegaan,' zei hij tijdens een speech voor topmannen uit het bedrijfsleven.

China houdt zich ondertussen muisstil. Enig teken van leven was er toen bleek dat de economische groei voor het eerst sinds vijf jaar onder de grens van 10 procent was gezakt. Het bruto nationaal product kende een stijging van 9,9 procent op jaarbasis in de eerste drie kwartalen van 2008, tegenover 12,2 procent in dezelfde periode het jaar ervoor. Met hun overvloed aan buitenlandse reserves (geschat op 1,7 biljoen dollar) zitten de Chinezen er voorlopig warmpjes bij. Als de financiële crisis nog langer aanhoudt, zullen de opkomende economieën en westerse landen vanzelf bij China moeten aankloppen voor hulp. De zakken van de overheden zijn in dat geval niet diep genoeg gebleken.

Naar een nieuwe tafelschikking

De opkomst van China als wereldmacht

De omsingeling

Bij go, het bordspel dat zo geliefd is bij de Chinese elite, roei je de tegenstander uit door die in te sluiten en zo het bord in je greep te krijgen. James Pinkerton schreef al in 2005 in NRC *Handelsblad* dat de Amerikaanse regering een denkfout maakt als zij ervan uitgaat dat China zich van dezelfde strategie bedient als de Verenigde Staten. Anders dan de regering-Bush, kenmerken go-spelers zich door subtiliteit, omtrekkende bewegingen en veel geduld.

Pinkertons betoog had uitsluitend betrekking op de potentiële militaire dreiging die China vormt, en hij schetste een scenario waarin het land kernwapens de Verenigde Staten binnensmokkelt. Net als de driebenige oorlogsmachines in Steven Spielbergs film *War of the Worlds*, zouden de kernbommen, weggestopt onder Amerikaanse steden, hun tijd afwachten om op een strategisch moment te kunnen toeslaan. Zo zou China met zijn beperkte middelen de Amerikaanse militaire overmacht kunnen breken.

Het lijkt er echter op dat China een subtieler wapen hanteert om de Amerikaanse alleenheerschappij te ondermijnen. Het land met de meeste inwoners heeft zich de afgelopen jaren opgeworpen als huisbankier van de Verenigde Staten. Het begrotingsoverschot waarmee Bill Clinton zijn presidentschap afsloot, is onder Bush als sneeuw voor de zon verdwenen. In plaats daarvan kampt 's werelds grootste economie nu met een begrotingstekort dat de Europese tekortnorm van 3 procent ver overtreft.

Ook de Amerikaanse consument laat zich niet onbetuigd. Begin 2006 rapporteerde het ministerie van Handel dat particulieren in 2005, voor het eerst sinds 1932 ten tijde van de Grote Depressie, meer hadden uitgegeven dan gespaard. De toch al niet geringe bestedingsdrift van Amerikanen is vooral aangewakkerd door de aanhoudend lage rente en de explosieve stijging van de huizenprijzen in delen van de Verenigde Staten.

De lage rentestand, die consumptief krediet en hypotheken goedkoop houdt, is onder meer te danken aan het enthousiasme waarmee China de schuldenlast van de Verenigde Staten blijft financieren. Volgens sommige schattingen staan de Amerikanen binnenkort één biljoen dollar bij China in het krijt; dat is bijna een-tiende van het bruto nationaal product van de Verenigde Staten. Van het geld dat ze lenen kopen de Amerikanen, behalve olie, producten voorzien van het label *made in China*, waarmee ze de schappen van megasupermarkten als Wal-Mart vullen. De economische relatie tussen beide landen lijkt daarmee nog het meest op die van een groot postorderbedrijf met een niet-kredietwaardige klant.

De Amerikaanse economie kampt ook met een oplopend tekort op de internationale betalingsbalans. In 2005 importeerden de Verenigde Staten 57 procent meer dan ze exporteerden. Volgens het Witte Huis is het tekort een teken van kracht in plaats van zwakte. Centralebankdirecteuren over de hele wereld denken daar anders over: twee op de drie centrale banken hebben in de afgelopen jaren de euroreserves laten oplopen, ten koste van de dollarreserves.

Als de Verenigde Staten er de komende jaren niet in slagen om hun financiële huishouding op orde te krijgen, dan ligt een dollar-depreciatie op de loer. Volgens financieel analisten zou de dollar in dat geval zo'n 20 tot 40 procent in waarde moeten zakken. Als de aanpassing geleidelijk verloopt, zullen de gevolgen voor de Amerikaanse economie overkomelijk zijn, en zullen de Verenigde Staten hun status als supermacht kunnen handhaven.

Als de dollar daarentegen in een duikvlucht raakt, wat zou kunnen gebeuren wanneer crediteurs als China zich en bloc uit de Amerikaanse markt terugtrekken, dan zijn de gevolgen niet te overzien. De obligatiemarkt zou instorten, de rente fors stijgen en de binnenlandse bestedingen tuimelen waardoor de Amerikaanse economie in een diepe crisis zou belanden. Volgens de vertegenwoordiger van de Europese Centrale Bank bij het Internationale Monetaire Fonds in Washington, Onno Wijnholds, betreft het hier een *low probability but high risk*-scenario.

Een dollarkrach zou vrijwel zeker het einde inluiden van de dollar als 's werelds belangrijkste reservemunt. Het zou tevens een einde maken aan de Amerikaanse hegemonie, net zoals het Verenigd Koninkrijk zijn positie als supermacht verloor toen het na afloop van de Tweede Wereldoorlog was bedolven onder de buitenlandse schuldenlast, en ponden sterling op grote schaal werden ingeruild tegen Amerikaanse dollars. John Maynard Keynes, veruit de meest invloedrijke econoom van de twintigste eeuw, heeft hierin altijd een vooropgezet plan van de Verenigde Staten gezien, die toentertijd, zoals China nu, de rol van wereldbankier vervulde.

Sluipenderwijs is China de afgelopen jaren uitgegroeid tot een economisch machtsblok van formaat. In omvang bedraagt de Chinese economie, uitgaande van de koopkracht van Chinese burgers, inmiddels tweederde van de Amerikaanse economie. Als de Chinese economie met 9 procent per jaar blijft groeien, zoals het de afgelopen 25 jaar heeft gedaan, zal het land in 2014 de Verenigde Staten passeren. Europa heeft het dan al twee jaar eerder achter zich gelaten.

Het wapengekletter van de regering-Bush zal de Chinese leiders niet onwelgevallig zijn. Anders dan bij schaken, hoef je bij go niet het centrum te beheersen om de beslissende aanval te kunnen uitvoeren. China heeft, zoals het een vaardige go-speler betaamt, de tegenpartij vanuit de hoeken omsingeld. Ook zonder dollarcrisis zal het land dat eenvijfde van de totale wereldbevolking herbergt, zijn greep op de wereldeconomie en internationale politiek in de komende jaren verder verstevigen.

Globalisering à la carte

Het waren wonderlijke beelden vanuit Parijs. Hippe scholieren en studenten die in het voorjaar van 2007 wekenlang actie voerden tegen een minieme versoepeling van het ontslagrecht. Ze zijn van het type dat na zijn studie beslist eerst getooid met een rugzak de wijde wereld in wil trekken. Maar kennelijk alleen in de zekerheid dat bij thuiskomst een baan voor het leven wacht. Avontuur zonder risico. Globalisering à la carte.

De demonstranten voelden haarfijn aan dat ze op het punt stonden hun geprivilegieerde positie te verliezen. Alan Blinder, hoogleraar economie aan Princeton University, berekende voor de Verenigde Staten dat 42 tot 56 miljoen banen vatbaar zijn voor *offshoring*; dat is pakweg eenderde van de huidige banenvoorraad.

Welke banen lopen het meeste risico om naar landen als China en India te worden verplaatst? Voorheen, dat wil zeggen vóór de digitale revolutie, waren verhandelbare goederen grofweg al die dingen die je in een doos kunt stoppen, zoals bh's, schoenen, elektronica en auto's. Voor de gewone fabrieksarbeider behoorde concurrentie van lagelonenlanden altijd al tot het beroepsrisico.

Tot voor kort waanden hoogopgeleiden zich onaantastbaar. Zij plukten alleen de vruchten van internationale handel doordat auto's en bh's goedkoper werden. De opkomst van internet en e-mail heeft daar definitief een einde aan gemaakt. Behalve alles wat in een doos past, zijn nu ook diensten die makkelijk elektronisch leverbaar zijn gevoelig voor offshoring.

Volgens Alan Blinder zijn alleen banen waarvoor persoonlijk contact noodzakelijk of zeer wenselijk is veilig. Taxichauffeurs, kappers en schoonmakers hoeven zich geen zorgen te maken, evenmin als onderwijzers, verpleegkundigen en echtscheidingadvocaten. Maar van zijn eigen baan als hoogleraar was Blinder al een stuk minder zeker.

De positie van westerse radiologen, accountants, it-specialisten en andere hoogopgeleiden zal de komende jaren onzekerder worden. In Azië liggen de salarissen veel lager, en de aanstormende Aziaten grijpen gretig hun kansen. (Des te spijtiger dat Nederlanders hun werklust juist lijken te hebben verloren.)

Als de overheid gerund zou worden als een onderneming, zou de belastingdienst waarschijnlijk al zijn verplaatst naar India. Slechts een handvol belastinginspecteurs zou in Nederland nodig zijn voor controles ter plaatse. Ambtenaren lijken niettemin veilig, niet vanwege economische of technologische overwegingen maar om politieke redenen. Het is geen toeval dat driekwart van de Franse jongeren later ambtenaar zegt te willen worden.

Als je de criteria die Blinder hanteert toepast op Nederland, dan komen pakweg tweeënhalf miljoen van de ruim zes miljoen banen die Nederland nu telt in aanmerking voor offshoring. Hoewel daarmee niet is gezegd dat ook al die banen daadwerkelijk naar het buitenland zullen verdwijnen, zou het logisch zijn dat Nederlandse werknemers zich daarover zorgen gaan maken.

Anders dan staatssecretaris Van Gennip (Economische Zaken) de Tweede Kamer in 2006 nog voorhield, is het wel degelijk mogelijk dat het globaliseringsproces behalve winnaars (China en India) op macro-economisch niveau ook verliezers kent (Europa en de VS). Dat zal namelijk het geval zijn als de Aziaten erin slagen om de innovatiekloof met het Westen te overbruggen.

Door de enorme bevolkingsaantallen in China en India (respectievelijk 1,3 en 1,1 miljard inwoners) zal die kloof sneller worden gedicht dan velen nu nog voor mogelijk houden. Tegenover elke Nederlandse student computerengineering staan er alleen in India al meer dan honderd. Microsoft kan zijn vacatures in de VS alleen nog maar vullen door in India personeel te gaan werven. Dat bijna de helft van de Indiërs niet kan lezen en schrijven doet daar niets aan af.

Wie denkt dat het allemaal zo'n vaart niet zal lopen moet zich nog maar eens flink achter de oren krabben. Hoelang is het nou helemaal geleden dat e-mail en internet hun intrede deden op de Nederlandse werkplek? Minder dan tien jaar! Inmiddels is voor veel professionals een leven zonder Blackberry nauwelijks meer denkbaar.

De Franse protesten tegen liberalisering van de arbeidsmarkt zullen de globalisering niet stoppen. Ook het protectionisme dat de kop opsteekt in Europa en de VS zal geen soelaas bieden. Het opleggen van strafheffingen is bij fysieke goederen, zoals schoenen uit China, al niet gemakkelijk, maar bij elektronisch leverbare diensten een bijna onbegonnen zaak. Bovendien zal een toenemend protectionisme zijn uitwerking niet missen op de internationale politieke verhoudingen, en daardoor mogelijk zelfs de vrede en veiligheid in gevaar brengen. Als wij China economisch isoleren, zal het land dan gemene zaken doen met schurkenstaten als Iran en Syrië?

Hét toverwoord om China en India het hoofd te kunnen bieden is innovatie. In de woorden van vertrekkend SER-voorzitter Herman Wijffels zal Nederland 'creatiever, slimmer moeten zijn dan de anderen'. De vraag is echter of de Nederlandse zelfgenoegzaamheid de beste voedingsbodem vormt voor creativiteit. Dan nog liever de wanhoop en woede van de Franse scholieren en studenten.

De Amerikanen hebben zo hun eigen drijfveren om het globaliseringsproces met vertrouwen tegemoet te zien. Het ongebreidelde optimisme waaruit de Verenigde Staten is opgetrokken is immers ook de motor van de Amerikaanse innovatiekracht.

Hoewel weinigen in Europa naar de Amerikaanse oud-president zullen kijken voor inspiratie, zegt hij af en toe toch echt iets moois, zoals tijdens een Republikeinse campagnebijeenkomst.

'Wij zijn niet bang voor de toekomst,' vertelde Bush de aanwezigen. 'We verwelkomen haar.'

China verovert de wereld

In Las Vegas is het Chinees Nieuwjaar uitgegroeid tot het meest winstgevende evenement van het jaar. De festiviteiten trokken in februari 2007 tienduizenden Aziatische en Aziatisch-Amerikaanse bezoekers en genereerden honderden miljoenen dollars aan omzet. Het casinoparadijs was voor de gelegenheid helemaal rood gekleurd.

In het galeriedistrict Chelsea in New York is bijna de helft van de exposities tegenwoordig aan Aziatische kunst gewijd. Ook de winkel van het Museum of Modern Art, enkele jaren geleden nog het bastion van Europese design, heeft een aanzienlijk deel van het vloeroppervlakte ingeruimd voor oosterse ontwerpen. Zoals een Amerikaanse handelaar in Chinese kunst in de kunstbijlage van NRC Handelsblad verzuchtte: 'Vooral de laatste twee jaar gaat het heel, heel erg hard.'

In het 53 pagina's tellende regeerakkoord tussen CDA, PvdA en ChristenUnie werd China geen enkele keer genoemd. Alsof het niet een van de belangrijkste vraagstukken van deze tijd is hoe de razendsnelle opkomst van China ons leven in het Westen zal veranderen. Dát er veel zal veranderen staat vast. Maar of Nederland er per saldo bij zal winnen, of zowel in relatieve als in absolute termen zal verliezen, hangt af van wat Nederland de komende jaren in dit verband concreet gaat ondernemen.

Anders dan economen die vrijhandel propageren graag beweren, is het namelijk in het geheel geen uitgemaakte zaak dat het globaliseringsproces alleen maar winnaars kent. De 91-jarige econoom en Nobelprijswinnaar Paul Samuelson waarschuwde in 2004 al dat Europa en de Verenigde Staten de grote verliezers van de globalisering worden als China en India in staat zijn de innovatiekloof met het Westen te overbruggen. In dat geval zullen niet alleen banen aan de onderkant van de arbeidsmarkt door China en India worden afgesnoept, zoals nu al gebeurt, maar zal ook hoogwaardige werkgelegenheid voor onze neus worden weggekaapt.

Vijf jaar geleden werd Samuelson nog weggehoond door vooraanstaande economen als toenmalig voorzitter van het Amerikaanse stelsel van centrale banken Alan Greenspan, de belangrijkste economisch adviseur van het Witte Huis Gregory Mankiw en hoogleraar economie aan Columbia University en vrijhandelsgoeroe Jagdish Bhagwati. Die laatste zei toen dat hij het volstrekt onrealistisch achtte dat landen als China en India hun achterstand in technologische kennis zouden inhalen, gegeven de deplorabele staat van het onderwijs in bijvoorbeeld India, Bhagwati's geboorteland.

Maar zoals stamcelonderzoekster Christine Mummery in een interview met NRC Handelsblad duidelijk maakte, zijn landen als China, India en Zuid-Korea in haar tak van wetenschap inmiddels bezig met een flinke opmars. De Verenigde Staten en Europa hebben juist een rem gezet op stamcelonderzoek. Zo heeft president Bush verboden dat geld van de Amerikaanse overheid voor stamcelonderzoek wordt gebruikt en wordt in Nederland het verbod op het maken van embryo's voor onderzoek gedurende deze kabinetsperiode gehandhaafd. Het moratorium dat in 2002 was ingesteld zou anders dit jaar zijn verstreken. Indiërs en Chinezen die in de Verenigde Staten zijn opgeleid gaan massaal terug naar hun geboorteland omdat daar het wetenschappelijk klimaat zoveel gunstiger is.

Dat betekent dat de innovatiekloof met het Westen door China en India wordt overbrugd *as we speak*. Aan de University of California, Berkeley, zijn Aziatische studenten tegenwoordig in de meerderheid. Amerikaanse topuniversiteiten als Harvard en Princeton openen dependances in Azië, en ook de vooraanstaande businessschool INSEAD heeft naast de campus op Fontainebleau een campus in Singapore geopend. Tegelijkertijd stijgen de Chinese universiteiten, zoals die in Peking en Hongkong, op de internationale ranglijst van topuniversiteiten. In de TSL Education top 50 staan vier Chinese universiteiten. Nederland komt op die lijst helemaal niet voor.

Westerse wetenschappers schamperen vaak dat Aziaten onvoldoende creatief zijn om de innovatieachterstand in te halen. Het zijn immers notoire kopieerders. Maar behalve het rechttoe rechtaan kopieerwerk gebruikt China haar gigantische marktmacht op slimme wijze om kennis te vergaren. Zoals *Financial Times*-redacteur James Kynge beschrijft in zijn boek *China zet de wereld op zijn kop* eist China bij het aanbesteden van overheidsopdrachten dat technologische knowhow wordt overgedragen en dat buitenlandse ondernemingen joint ventures aangaan met Chinese staatsbedrijven.

China maakt op deze manier razendsnel technologische vorderingen. Volgens Kynge is het wishful thinking om te denken dat de snelstgroeiende economie ter wereld nog jaren zal blijven hangen in middelmatige technologie. Bovendien is een aantal Chinese wetenschapsprogramma's, waaronder het ruimtevaartprogramma, bijzonder succesvol. Een voorproefje daarvan heeft de wereld in januari 2007 al kunnen zien. China schoot toen bij wijze van test met een raket een afgedankte weersatelliet uit de ruimte. Tot dan toe was dit alleen de Verenigde Staten en de Sovjet-Unie gelukt. Ook de hausse in hedendaagse Chinese kunst kan dienen als een vingerwijzing dat het de Chinezen helemaal niet schort aan creativiteit.

De enige manier waarop wij hier in het Westen het door Samuelson geschetste doemscenario kunnen vermijden, is door nóg innovatiever te zijn dan de Chinezen zelf. 'Creativiteit is de bron van innovatie', aldus het regeerakkoord. Maar het is de vraag of creativiteit zich zo gemakkelijk laat dwingen. Het enige lichtpuntje is dat Nederland een buitengemeen eerzuchtige minister van Onderwijs, Cultuur en Wetenschap heeft. Toe Ronald, verzin een list!

De overname van Europa

Met hulp van een Chinese staatsbank en een investeringsmaatschappij uit Singapore verhoogde indertijd Barclays – achteraf vergeefs – zijn bod op ABN Amro. Het is maar een voorbeeld van hoe autoritaire regimes gebruikmaken van de middelen en mogelijkheden die de vrije markt biedt om hun rol op het wereldtoneel te vergroten. Terwijl wij in het Westen dachten dat het kapitalisme overal ter wereld democratie zou brengen, lijkt het omgekeerde juist te gebeuren.

Francis Fukuyama stelde in 1992 een zegetocht van het politiek en economisch liberalisme in het vooruitzicht in zijn boek *The End of History and the Last Man*. Ook in zijn *After the Neocons: Where the Right went Wrong* (2006), houdt hij vol dat er geen alternatieven zijn voor het politiek en economisch liberalisme. Voor het stimuleren van democratie is in zijn ogen slechts één ding nodig: geduld.

Maar als econoom moet ik dan onwillekeurig denken aan John Maynard Keynes, de belangrijkste econoom van de twintigste eeuw. Die zei: 'Op de lange termijn zijn we allemaal dood.' Hij wilde daarmee aangeven dat de lange termijn een slechte leidraad is voor het maken van beleidskeuzes op de korte termijn. Bovendien, en misschien nog wel belangrijker, hoe weten we of Fukuyama het deze keer wél bij het rechte eind heeft? Is er bij hem geen sprake van wishful thinking?

De Chinezen hebben de afgelopen jaren de wereldmarkt overspoeld met goedkoop geld. Met name in de Verenigde Staten hebben ze leningen verstrekt tegen zeer lage rentepercentages die economisch niet goed uit te leggen waren, gelet op de wankele financiële huishouding van het land. De koopzieke Amerikanen hebben de afgelopen jaren enthousiast de overwaarde in hun huizen verzilverd door hogere hypotheken af te sluiten. Wat die goedkope kredieten hebben aangericht is maar al te duidelijk geworden. Het aantal huiseigenaren dat de hypotheek niet meer kan betalen, is schrikbarend gestegen. Niet alleen verzuimen mensen met een slechte *credit history*, ook de *prime*-hypotheken (van kredietwaardige burgers) blijken een risico te vormen.

De problemen op de huizenmarkt misten hun uitwerking niet op de Amerikaanse economie. Beleggers werden nerveus. De dollar verzwakte. Een geldhandelaar voorspelde in de *International Herald Tribune* dat de dollar nog verder terrein zal verliezen, en mogelijk zelfs minder dan 50 eurocent zal gaan kosten. Een daling van de Amerikaanse valuta in die orde van grootte kan een einde maken aan de hegemonie van de Verenigde Staten.

China gebruikt onderwijl een deel van zijn buitenlandse reserves, die naar schatting een omvang hebben bereikt van bijna 1,7 biljoen dollar, voor strategische aankopen in het Westen. Dat Angela Merkel, de Duitse bondskanselier, haar bezorgdheid uitte over het feit dat met geld van de Chinese staat strategische belangen binnen de Europese Unie worden opgekocht, is geen vorm van paranoia. Ze wees er terecht op dat deze aankopen vaak zijn gebaseerd op politieke calculaties in plaats van economische. Merkel pleitte voor een Amerikaans systeem, waarbij aankopen door buitenlandse staatsfondsen onderworpen zijn aan voorafgaande goedkeuring door de autoriteiten. Ook het IMF waarschuwde in 2007 voor de risico's van de omvangrijke staatsfondsen voor de stabiliteit van internationale financiële markten.

Adepten van de vrije markt roepen: protectionisme! Maar een vrije markt is alleen een mooi concept als alle spelers zich door economische motieven laten leiden. China is een marktspeler die als het ware meedoet op bloeddoping. Niet omdat het het grootste land ter wereld is, hoewel ook dat zeker voordelen heeft. Maar omdat het een politieke dictatuur is. De Chinese machthebbers hoeven zich niet te bekommeren om zoiets triviaals als de kiezersgunst.

Westerse leiders hebben altijd voorspeld dat het Chinese pad naar democratie snel en soepel zou zijn. 'Handel met China,' zei Bill Clinton tegen Jiang Zemin in 1997, 'zal tot een spirit van vrijheid leiden [...] Ik denk dat het net zo onvermijdelijk is als de val van de Berlijnse Muur.'

Maar in het ontwerp van de Nederlandse architect Rem Koolhaas voor het nieuwe hoofdkwartier van de Chinese staatstelevisie in Peking, dat in 2008 is geopend, is al rekening gehouden met censoren, de ambtenaren die de uitzendingen aan censuur zullen onderwerpen. Het CCCT zal het middelpunt van de Chinese propagandamachine zijn.

Zolang China geen democratie is, kan er economisch gezien geen sprake zijn van een *level playing field* met het Westen. Het voorstel van Angela Merkel om een vrijhandelszone te creëren tussen de Europese Unie en de Verenigde Staten is om die reden helemaal zo gek nog niet. Het zou ook een stimulans kunnen zijn voor China om nu eindelijk eens echt werk te maken van democratische hervormingen.

Volgens een ruwe schatting groeien de buitenlandse reserves van China jaarlijks met zo'n 25 procent. Als die groei zich ongewijzigd doorzet, kan China binnen tien jaar alle beursgenoteerde ondernemingen in Europa opkopen. Tenzij het Westen maatregelen neemt.

China biedt redding, Balkenende niet

Schuld die vertrouwen uitdrukt (6 letters) luidde 29 verticaal van het Econogram dat NRC *Handelsblad* in het economiekatern afdrukte. *Credit*: bondiger kan de situatie op de financiële markten niet worden samengevat. De kredietcrisis is in de eerste plaats een vertrouwenscrisis. Eind december 2007 – het economische rampjaar 2008 was nog niet begonnen – gaf de Europese Centrale Bank het bankwezen al een kasinjectie van 350 miljard euro, oftewel duizend euro per inwoner van de EU. Ook de Fed, het Amerikaanse stelsel van centrale banken, liet zich niet onbetuigd.

Banken durfden elkaar geen geld meer te lenen, omdat ze van elkaar niet wisten hoeveel ze hadden belegd in verliesgevende hypotheekeffecten. Verschillende prestigieuze zakenbanken zagen zich gedwongen om miljarden af te boeken op besmette hypotheekobligaties.

Maar niet alleen de Europese en Amerikaanse centrale bank schoten het bankwezen te hulp. De steenrijke staatsfondsen uit landen als China, Rusland, de Verenigde Arabische Emiraten en Saoedi-Arabië blijven in het nieuws opduiken. In december 2007 maakte de Amerikaanse zakenbank Merrill Lynch & Co bekend dat zij een kasinjectie van 5 miljard dollar krijgt van het Singaporese staatsfonds Temasek Holdings. Tegelijkertijd riep zakenbank Morgan Stanley voor 5 miljard dollar de hulp in van een Chinees staatsfonds, nadat de bank een recordafboeking moest doen op besmette hypotheken. Een maand eerder had het investeringsfonds van Abu Dhabi een belang van 7,5 miljard gekocht in Citigroup, de tweede bank van Amerika.

De potentiële kasstroom van de staatsfondsen naar het Westen is gigantisch. De fondsen beheren bij elkaar op dit moment naar schatting tussen de twee- en drieduizend miljard dollar. Dat is veel meer dan het vermogen van alle hedgefondsen ter wereld bij elkaar. Volgens sommige financieel analisten zal het vermogen dat wordt gemanaged door deze staatsfondsen in de komende acht jaar vervijfvoudigen.

Overigens zijn de autoritaire regimes in landen als China, Saoedi-Arabië en de Verenigde Arabische Emiraten niet per se uit op winstmaximalisatie. Hun aankopen hoeven niet alleen economisch gemotiveerd te zijn, maar kunnen evenzeer gebaseerd zijn op politieke calculaties.

Het is een wrange ironie dat uitgerekend China zich opwerpt als redder in nood. De kredietcrisis is immers in hoge mate van Chinese makelij. Het land met de meeste inwoners ter wereld heeft zich de afgelopen jaren opgeworpen als huisbankier van de Amerikanen. De bubbel op de obligatiemarkt, die afgelopen zomer uiteenspatte, was onder meer te wijten aan het enthousiasme waarmee de Chinezen jarenlang de Amerikaanse schuldenlast bleven financieren.

China had, via de levensverzekeringsmaatschappij Ping An, inmiddels ook een miljardenbelang genomen in de Belgisch-Nederlandse bank-verzekeraar Fortis. Op de Amsterdamse beurs daalde de koers van Fortis in 2007 met 40 procent. Dankzij de inmenging van de Chinezen leek de financiering van de overname van ABN Amro, waarvoor Fortis nog minimaal 2,5 miljard euro uit de markt moest halen, verzekerd.

In dat licht was het extra wrang dat premier Balkenende geen vinger wilde uitsteken toen een overname van ABN Amro door ING nog een reële optie was. Wie het eerste deel heeft gezien van het tweeluik *De Prins en het Meisje* dat de VPRO uitzond kan zich een levendige voorstelling maken hoe het eraan toe is gegaan.

Balkenende, die in de film wordt vertolkt door Arnoud Bos – ja, de broer van Wouter – bemoeit zich het liefst nergens mee: niet met de begrotingen van de ministeries en al helemaal niet met de toekomst van De Bank. Zoals NRC Handelsblad (18 december 2007) onthulde, weigerde hij om ABN Amro-topman Rijkman Groenink en president van De Nederlandsche Bank Nout Wellink te ontvangen toen die op 6 maart 2007 belet bij hem vroegen.

Ter verdediging wees de premier tijdens de persconferentie na afloop van de ministerraad op het telefoongesprek dat hij in 2005 voerde met Berlusconi, toen die zich hevig verzette tegen de overname van bank Antonveneta door ABN Amro. Balkenende zei destijds tegen de Italiaanse premier dat nationaal protectionisme geen pas gaf.

Maar Groenink en Wellink vroegen Balkenende slechts om te bemiddelen bij de vastgelopen fusieonderhandelingen met ING. Er was nog helemaal geen sprake van buitenlandse bieders die de pas moest worden afgesneden, zoals ABN Amro twee jaar eerder in Italië was overkomen. Op tafel lag alleen de brief van onruststoker TCI, het Britse hedgefonds met een belang van 1 procent in ABN Amro. Het bod van de Britse bank Barclays kwam pas weken later. Verder verschuilde Balkenende zich achter de rokken van Wouter Bos. Volgens de Rijksvoorlichtingsdienst volgde de premier simpelweg het advies van de minister van Financiën, die gesprekken met een van de twee partijen onverstandig vond.

Maar niets belette de premier toch om met beide partijen om de tafel te gaan zitten? Volgens een woordvoerder van ING mag ervan uit worden gegaan dat, als een dergelijke uitnodiging van de minister-president in maart 2007 op het bureau van ING-topman Michel Tilmant was beland, deze hierop in zou zijn gegaan.

De wegen van de eerste minister zijn ondoorgrondelijk. Misschien is het wel te veel gevraagd van Jan Peter om zijn gezag aan te wenden.

Naschrift: Fortis won, samen met Royal Bank of Scotland en Banco Santander, inderdaad de overnamestrijd. ABN Amro werd opgesplitst en op de gevel van het hoofdkantoor op de Amsterdamse Zuidas prijkten een groot deel van 2008 de namen van Fortis en Royal Bank of Scotland. Maar beide banken bleken zich aan de overname te hebben vertild en zijn inmiddels goeddeels genationaliseerd. Op de Amsterdamse gevel prijkt nu weer het naambordje van ABN Amro.

Een paard van Troje

Een recente studie van het American Enterprise Institute, een conservatieve denktank in Washington, laat zien dat economieën van politieke dictaturen het afgelopen decennium sneller zijn gegroeid dan die van landen met een open democratie. Volgens de nongouvernementele organisatie Freedom House vormt een groep van op de markt georiënteerde autocratieën een belangrijke factor in de afname van vrijheid in de wereld. Terwijl we in het Westen dachten dat het kapitalisme overal ter wereld democratie zou voortbrengen, is het eerder zo dat door het kapitalisme antidemocratische regimes steviger in het zadel komen te zitten.

In rap tempo hebben de staatsfondsen van China, Rusland, Singapore en de Verenigde Arabische Emiraten belangen in Wall Street en andere westerse financiële instellingen genomen. Eind maart 2008 berichtte de *Süddeutsche Zeitung* dat het Chinese staatsfonds CIC de Dresdner Bank wilde kopen. Eerder had CIC al een groot belang in de Amerikaanse zakenbank Morgan Stanley gekocht, toen deze bank als gevolg van de hypotheekcrisis in grote problemen dreigde te komen. Bij de Amerikaanse bank Citigroup moest het staatsfonds van Abu Dhabi met bijna 8 miljard dollar bijspringen waardoor het nu de grootste aandeelhouder is van deze Goliath onder de financiële instellingen.

Sinds het begin van de financiële crisis hebben de staatsfondsen naar schatting in totaal ruim 70 miljard dollar in de westerse financiële dienstverleningsindustrie geïnjecteerd. De voorzitter van de Europese Commissie, José Manuel Barroso, prees de staatsfondsen vanwege hun positieve invloed op de wereldeconomie. Hij doelde op de stabiliserende rol van de fondsen tijdens de huidige crisis op de financiële markten. Maar dat is de wereld op zijn kop.

Zoals de economen van de Europese Centrale Bank Onno Wijnholds en Lars Søndergaard beschrijven in hun alleszins verhelderende paper 'Reserve Accumulation, Objective or By-Product?' is de snelle groei van staatsfondsen vooral het resultaat van het kunstmatig laag houden van de wisselkoersen van de Aziatische munten.

Onder het huidige wisselkoersarrangement is het mogelijk dat er tussen landen gedurende een langere periode grote onevenwichtigheden op de lopende rekening blijven bestaan. Volgens Robert Skidelsky, emeritus hoogleraar politieke economie en de biograaf van John Maynard Keynes, leidt dit tot superconcurrentie. China concurreert op de wereldmarkt met lonen die, terwijl ze toch al laag zijn, nog eens kunstmatig laag worden gehouden door de onderwaardering van de yuan.

In een systeem met vaste wisselkoersen, zoals de klassieke gouden standaard, hadden de VS niet jarenlang boven hun stand kunnen leven. Doordat de dollar nu echter de belangrijkste reservemunt is, kunnen Amerikanen producten en diensten in het buitenland kopen door simpelweg nieuwe schuldbekentenissen (iou's) uit te geven. De laatste maanden hebben duidelijk gemaakt hoe instabiel de wereldeconomie hierdoor is geworden.

Skidelsky voorspelt in *The New York Review of Books* van 17 april 2008 dat deze financiële instabiliteit de belangrijkste tekortkoming van het wereldkapitalisme zal blijken te zijn. Maar er staat veel meer op het spel dan stabiele economische groei. De opkomst van autoritaire regimes als belangrijke spelers op de wereldmarkt heeft nu al tot een aanzienlijke machtsverschuiving geleid. In Peking sturen de beleidsmakers aan op alomvattende nationale macht, die behalve militaire ook economische macht omspant.

Volgens Wijnholds en Søndergaard kan niet worden uitgesloten dat geopolitieke motieven een rol spelen bij de excessieve groei van buitenlandse reserves in de handen van autoritaire regimes.

Heel diplomatiek heet het dat bij een aantal overheden mogelijk niet-economische binnenlandse overwegingen zwaarder hebben gewogen bij de massale opeenhoping van buitenlandse reserves dan puur financiële of economische motieven.

Het ligt voor de hand dat politiek-strategische overwegingen ook een rol spelen bij de investeringsbeslissingen van de staatsfondsen. De Europese Unie wil een vrijwillige internationale gedragscode die bepaalt dat staatsfondsen inzage geven in hun investeringsbeleid. De code moet nog worden uitgewerkt in overleg met het Internationaal Monetair Fonds (IMF). De Chinezen halen er hun schouders over op. Zolang de code niet verplicht is, hebben zij er geen moeite mee. Een wassen neus dus.

Interessanter is de suggestie die Willem Buiter, hoogleraar Europese politieke economie aan de London School of Economics, afgelopen zomer in zijn Maverecon blog bij de *Financial Times* deed. Volgens Buiter is het risico van politieke afpersing het grootst als staatsfondsen investeren in aandelenkapitaal. Hij stelt daarom voor om de staatsfondsen alleen toe te staan te investeren in obligaties en aandelen waar geen stemrecht aan is verbonden.

Volgens Skidelsky zou ook de excessieve accumulatie van buitenlandse reserves als zodanig moeten worden aangepakt. Hij verwijst naar John Maynard Keynes die in 1941 al voorstelde om landen met een structureel overschot op de lopende rekening, te straffen. In het voorstel van Keynes zou een land als China worden gedwongen om de eigen munt op te waarderen.

In de verwachting dat het politiek en economisch liberalisme zou zegevieren, heeft het Westen, in de euforie na de val van de Berlijnse Muur, de belangrijkste obstakels voor internationale vrijhandel uit de weg geruimd, zonder garanties voor een eerlijk speelveld te bedingen. Het valt op voorhand niet uit te sluiten dat het Westen zijn eigen paard van Troje heeft binnengehaald.

De eeuw van Azië?

Op 10 maart 2005 hield een buiten de academische wereld vrijwel onbekende econoom een speech voor de economenassociatie in Richmond, in de Amerikaanse staat Virginia. Het was Ben Bernanke, die een jaar later door president Bush zou worden voorgedragen als voorzitter van de Fed, het Amerikaanse stelsel van centrale banken. Bernanke betoogde – tegen de communis opinio in – dat de Verenigde Staten de wereld een dienst bewees door het wereldwijde spaaroverschot, dat met name uit de opkomende economieën in Azië afkomstig was, te absorberen.

Landen als China lieten de afgelopen jaren de reserves toenemen door schuldbewijzen uit te geven aan hun eigen inwoners waardoor de binnenlandse besparingen werden gestimuleerd. De opbrengst werd gebruikt om Amerikaanse staatsobligaties te kopen. De Chinese overheid werkte in feite als een financiële intermediair die de binnenlandse besparingen welbewust wegleidde van de lokale markt naar internationale kapitaalmarkten.

Daardoor kon het gebeuren dat, terwijl de Amerikaanse Fed vanaf 2004 het formele rentetarief gestaag verhoogde, de rente op de kapitaalmarkt daalde. Een raadsel, aldus de toenmalige centralebankpresident Alan Greenspan. Gegeven het tempo van de economische groei in de VS, het tekort op de betalingsbalans, het begrotingstekort en de scherpe pieken in de kortetermijnrente, had de langetermijnrente veel hoger moeten zijn.

Bernanke somde in zijn speech een aantal mogelijke verklaringen op voor de toename van dollarreserves. Zo zouden de opkomende economieën lering hebben getrokken uit de financiële crisis die Zuidoost-Azië en Rusland in 1997 en 1998 trof waarbij massaal buitenlands kapitaal werd teruggetrokken, wat onder meer een devaluering van de eigen munt en een pijnlijke economische recessie tot gevolg had. Door buitenlandse reserves op te potten hebben deze landen gezorgd voor een buffer.

Een tweede mogelijke verklaring voor de Aziatische spaarlust is dat de overheden daar dermate corrupt zijn en de sociale voorzieningen zo slecht dat Aziaten het geld niet in eigen land durven te investeren, maar massaal kiezen om te sparen voor een eventuele ziekenhuisopname en hun oude dag. Bernanke spoorde in zijn rede in Richmond niet voor niets de Aziatische overheden aan om het investeringsklimaat in hun eigen land te verbeteren door eigendomsrechten te versterken, corruptie te verminderen en obstakels voor het vrije verkeer van kapitaal weg te nemen.

Een andere verklaring gaat ervan uit dat de buitenlandse reserves niet zozeer het doel maar het bijproduct zijn van een op export gebaseerde groeistrategie waarbij China zijn eigen munt kunstmatig laag houdt ten opzichte van de dollar zodat het kan superconcurreren met het Westen. De lage wisselkoers van de renminbi (de munt is naar schatting 25 tot 40 procent ondergewaardeerd) is in feite een exportsubsidie.

Ten slotte, een verklaring die ikzelf drie jaar geleden opperde in mijn column 'De omsingeling' (zie p. 107)is dat China om geopolitieke redenen de VS heeft overspoeld met goedkoop geld om zo de fundamenten onder de Amerikaanse economie weg te spoelen en de Amerikaanse hegemonie aan te tasten. De nieuwste vorm van oorlogsvoering vindt plaats met monetaire en niet met militaire middelen.

De afgelopen tien jaar investeerde China meer dan een biljoen dollars in Amerikaanse staatsobligaties en in door de Amerikaanse overheid gegarandeerde hypotheken. De lage rente voedde de speculatieve zeepbel op de Amerikaanse huizenmarkt en zweepte de Amerikaanse consumptieve bestedingen op tot ongekende hoogten.

Bernanke prees in Richmond nog de 'geraffineerde' financiële markten die Amerikaanse huishoudens in staat stelden om de waarde van het eigen woningbezit eenvoudig te gelde te maken. Hij had beter moeten weten. *Housing wealth is no wealth.* Nu de zeepbel op de huizenmarkt is geknapt, wordt pas goed duidelijk hoe kwetsbaar de Verenigde Staten zich hebben gemaakt.

Het meest verrassende aan de huidige crisis is evenwel dat het allesbehalve evident is op welke manier China ervan profiteert. Het land dat in augustus 2008 nog de trotse gastheer was van de Olympische Spelen wordt nu geconfronteerd met een kopersstaking door Amerikaanse en Europese consumenten. De economische groei in China zal volgend jaar naar verwachting halveren (van 12 naar 6 procent), een terugval die vergelijkbaar is met een forse recessie en mogelijk tot sociale onrust leidt. Het zal lastig zijn voor de Chinese regering om de binnenlandse particuliere consumptie en investeringen te bevorderen teneinde de groei weer op peil te brengen. De grote voorkeur die Chinezen aan de dag leggen om geld op te potten zal niet van de ene op de andere dag veranderen.

De Chinese overheid heeft bovendien nauwelijks mogelijkheden om, in plaats van in Amerikaanse staatsobligaties, te investeren in bestaande westerse ondernemingen. De westerse autoriteiten volgen de aankopen van staatsfondsen uit autoritaire staten zoals China met argusogen. En terecht. Zolang de Chinese economie voornamelijk van export afhankelijk is, zit er voor China niets anders op dan door te gaan met Amerikaanse staatsobligaties te kopen, ook al balanceren de VS op de rand van een bankroet.

Een betere oplossing zou zijn om alle uitstaande schulden in één keer kwijt te schelden, zoals de historicus Niall Ferguson opperde in het economenforum op de website van de *Financial Times*. De staatsobligaties in handen van China zijn immers de vruchten van oneigenlijke concurrentie. Als er een streep wordt gezet onder de huidige schuldencrisis zouden de VS en China allebei een frisse start kunnen maken. De Chinese leiders zouden er in dat geval goed aan doen zich te realiseren dat, zolang China een *beggar-thy-neighbor* beleid voert (oftewel parasiteert op andere landen), het land een bijmotor van de Verenigde Staten en Europa zal blijven.

De Europese uitdaging

Over de macht en onmacht van een oud continent

Vooruit, Europa!

Robert Kagan, de Amerikaanse neoconservatieve commentator en auteur van het boek *Of Paradise and Power*, zei zes jaar geleden treffend dat het enige wat Europa echt bezighoudt Europa zelf is. Kagan, die jarenlang als correspondent in Brussel woonde en werkte, zag een op zichzelf gefixeerd Europa dat voortdurend bezig is met zelfonderzoek. De speciale website over Europa (http://wethepeople.nrc.nl) die NRC *Handelsblad* in 2006 opende is er een mooie illustratie van.

Voorafgaand aan de referenda over de Europese grondwet in Frankrijk en Nederland kwamen boeken op de markt met optimistische titels als *De Verenigde Staten van Europa: de nieuwe supermacht en het einde van de Amerikaanse dominantie* en *De Europese droom: hoe Europa's toekomstvisie langzamerhand de Amerikaanse droom overschaduwt*. Deze titels doen nu al weer gedateerd aan.

Europa verdween in het tijdperk Bush nagenoeg helemaal van de Amerikaanse radar. Alleen voor een bezoek aan de NAVO-hoofdkantoren maakte Condoleezza Rice nog een tussenstop in Brussel. Bij andere buitenlandse bezoeken die Rice, Rumsfeld en Cheney aflegden, doorsneed Air Force Two het West-Europese luchtruim om pas ergens in het Midden-Oosten of in een van de voormalige Sovjetrepublieken de landing in te zetten.

Voor Amerikaanse opiniemakers had Europa ook afgedaan. Een kleine steekproef wijst uit dat het aantal keren dat Europa in de jaren 2002-2006 genoemd wordt is gehalveerd ten opzichte van de jaren daarvoor. Alleen William Pfaff, oud-columnist van de *New York Times* zag in de Franse studentenprotesten in het voorjaar van 2007 een revolte tegen het vrijemarktkapitalisme, en meteen ook een raison d'être voor de Europese Unie. Maar hij woont dan ook al jaren in Parijs, en wordt in Amerika nauwelijks meer gelezen.

De afnemende betekenis is het gevolg van de halfhartige houding die kiezers en politici hebben tegenover het Europese project. De toonhoogte van het publieke debat in Nederland ontstijgt nauwelijks dat van een verwend kind. Politici roepen alleen maar om het hardst dat Europa 'socialer', 'minder bureaucratisch' dan wel 'democratischer' moet worden. En wat gebeurt er als daar niet aan wordt voldaan?

Het punt is niet dat aan Europa niets te verbeteren valt. Het punt is dat Europa *moet*. Alle grote politieke partijen in Nederland zijn het daarover eens, en maar liefst 80 procent van de kiezers, zoals de Eurobarometer net na het referendum van 2005 uitwees. Ook bij een opinieonderzoek dat in juni 2006 werd gehouden reageerde 71 procent van de ondervraagden instemmend op de vraag of het lidmaatschap van de EU een goede zaak is.

Ondanks die brede steun in politiek en samenleving wordt er nog steeds over de Europese Unie gesproken alsof het de eerste de beste snackbar is, in plaats van een gemeenschap van ruim 450 miljoen inwoners. Zo stellen we aan Europa veel hogere eisen dan we aan het landsbestuur stellen, dat slechts het vertrouwen heeft van 20 procent van de bevolking, of dan we zelfs aan onze partner stellen. Die gaat toch ook niet bij het eerste het beste paar ongewassen sokken dat rondslingert de deur uit?

Europa moet, als het Europese sociale model werkelijk superieur is aan het vrijemarktkapitalisme, zoals William Pfaff en de Franse studenten menen. Alleen een sterk en krachtig Europa kan dat model beschermen en uitdragen. Anders gezegd, je hebt een sterk Europa nodig om 'Amerikaanse toestanden' te voorkomen.

Europa moet, als je niet tandeloos wilt staan tegenover China, dat over vijf jaar de EU zal voorbijstreven als economische grootmacht. Hoewel Europa minder kwetsbaar is dan de Verenigde Staten, heeft China een gigantische euroreserve. Als die in één keer van de hand gaat, zal dat de eurokoers flink onder druk zetten.

Europa moet, omdat het over pakweg twintig jaar niet langer beschikt over eigen natuurlijke energiebronnen. De gasbel bij Slochteren is tegen die tijd leeg, net als de Noorse olievelden. Voor de energievoorziening is de EU dan afhankelijk van landen als Rusland, Kazachstan, Soedan, Venezuela en Iran. Wil men zich werkelijk overleveren aan de grillen van die landen?

De Amerikanen doen er van alles aan om het niet zover te laten komen. Vicepresident Dick Cheney ging naar Centraal-Azië om de steun van Kazachstan en Turkmenistan te krijgen voor de aanleg van pijpleidingen die de invloed van Rusland op de energietoevoer zou verminderen. En Condoleezza Rice was in Turkije en Griekenland om te onderhandelen over olie- en gasleidingen die Azerbeidzjan zouden bevoordelen ten koste van Rusland.

In de *New York Review of Books* (mei 2006) merkt Thomas Nagel op dat de tegenstellingen in de Verenigde Staten, of het nou gaat om belastingen, godsdienst, oorlog, ras of seks, veel groter zijn dan tussen de lidstaten van de EU. De meeste Europeanen zouden in Amerika politiek gezien bij de Democraten thuishoren.

Het wordt tijd voor Europeanen om hun onderlinge geschillen bij te leggen en de blik naar buiten te richten. Als Europa over tien jaar nog enige rol van betekenis wil spelen dan is nu het moment gekomen om alle twijfels over de Europese integratie overboord te zetten. De globalisering wacht namelijk niet tot Europa er klaar voor is.

Picture Europe

De website *We the People* van NRC *Handelsblad*, een debatforum over de toekomst van Europa, roept lezers op om samen een digitaal fotoalbum te maken om de diversiteit van Europa in beeld te brengen (http://wethepeople.nrc.nl/fotos/). Lezers kunnen zelf foto's insturen die naar hun mening die diversiteit het best verbeelden. Dat is nou eens een goed plan.

In de stortvloed van beelden die dagelijks over ons worden uitgestort komen visualisaties van het verenigde Europa er heel bekaaid van af. We kennen eigenlijk alleen de obligate plaatjes van weinig aantrekkelijke politici, bijeen voor een groepsportret tijdens een Europese top, of als *talking heads*, uitgelicht tegen de achtergrond van een van de vele lelijke kantoorgebouwen die Brussel rijk is.

Gesteggel over regels en procedures is noodzakelijk om een nieuwe Europese rechtsorde te realiseren. Maar je kunt niet verwachten dat je er de *hearts and minds* van mensen mee zult winnen. Dat lukt wel met idealen. We vergeten echter vaak dat het daar bij een verenigd Europa in de kern om gaat. En juist beelden kunnen ons op aansprekende wijze aan die idealen herinneren.

In haar essay 'Photography' uit 1973 schreef Susan Sontag dat mensen *image-junkies* zijn. Volgens Sontag verschaffen foto's bewijs, want iets wat we horen maar in twijfel trekken lijkt 'bewezen' zodra we er een foto van te zien krijgen. Een foto kan vertekenen, maar er is altijd de veronderstelling dat iets bestaat wat lijkt op wat er op de foto staat.

Als voorbeeld noemde Sontag de oorlogen die de Amerikanen vochten in Korea en Vietnam. Van de oorlog in Vietnam kent iedereen het beeld van het meisje dat over straat rent, nadat ze juist is geraakt door Amerikaans napalm, haar armen open, schreeuwend van de pijn. Van de oorlog in Korea bestaan dergelijke beelden niet, terwijl de verwoesting die de Amerikanen er hebben aangericht misschien wel groter was dan die in Vietnam.

De misstanden in Abu Ghraib trokken pas de aandacht toen foto's werden getoond in het televisieprogramma *60 Minutes* en afgedrukt in het tijdschrift *The New Yorker*, hoewel het Pentagon al maanden eerder in een persbericht melding had gemaakt van een onderzoek naar de misdragingen van Amerikaanse militairen in de gevangenis bij Bagdad.

New York Times-columnist Nicholas Kristof is bang dat de beelden van de oorlog tussen Israël en Libanon tot in 2030 het Midden-Oosten-conflict zullen voeden. De opvolger van sheik Nasrallah, leider van Hezbollah, zal volgens Kristof in 2030 op steun van het volk kunnen rekenen mede vanwege de Israëlische bombardementen in de zomer van 2006.

Het zal daarom geen toeval zijn dat de Libanese fotograaf Adnan Hajj op een van zijn foto's de rookpluimen na de bombardementen op het dorp Qana met Photoshop aandikte. Op een andere foto, van een Israëlische F16-straaljager boven Libanees grondgebied, zijn twee afgeschoten bommen toegevoegd. De trucages werden door bloggers opgemerkt.

Ook de foto van Hajj waarop een reddingswerker na het bombardement een overleden kind in de lucht houdt, lijkt in scène te zijn gezet. Een andere fotograaf had al een uur eerder een soortgelijke foto genomen, wat erop duidt dat er met het lijkje voor de verzamelde pers is geparadeerd. Het Amerikaanse persbureau Reuters trok daaarop alle foto's van Hajj terug.

Volgens Sontag bepaalt ideologie wat wel en wat niet door een camera wordt vastgelegd. Als dat zo is, kan het gebrek aan beelden van de Europese Unie niet simpelweg een omissie zijn. Zonder de poging om Europa in aansprekende beelden te vatten, zal het nooit een gemeenschap van mensen worden, maar altijd de eliteclub blijven die het tot nu toe is geweest.

Na 11 september 2001 werden op alle Amerikaanse televisiezenders spotjes uitgezonden waarin mensen uit alle delen van de Verenigde Staten in alle kleuren en met verschillende accenten, trots verklaarden: *'I am an American.'* Het getuigt van cynisme om een dergelijke campagne af te doen als naïef of oppervlakkig.

Beelden kunnen de kracht van een verenigd Europa in al zijn diversiteit zichtbaar maken. In woorden klinkt die diversiteit als volgt: *I'm a European, Jsem Evropan, Jeg er europæer, Ich bin ein Europäer, Soy un europeo, Ma olen eurooplane, Olen eurooppalainen, Je suis un Européen, Európai vagyok, Sono Europeo, Esu europietis, Es esmu eiropietis, Jien Ewropew, Ik ben een Europeaan, Jestem Europejczykiem, Sou um europeu, Som Európan, Evropejec sem, Jag är europé.*

Bedenk hoe dat er in beelden uit zou kunnen zien.

Benepen, bangelijke internetters

Het Amerikaanse weekblad *Time* heeft 'You' uitgeroepen tot Persoon van het jaar 2006. Voor de gelegenheid was op de cover van het weekblad een laagje zilverfolie aangebracht, zodat de lezers van het blad zichzelf weerspiegeld zagen in een computerscherm. You zijn alle gebruikers van het World Wide Web. Volgens het tijdschrift beheersen internetgebruikers het informatietijdperk, en is er sprake van een nieuwe digitale democratie.

De uitverkiezing van You zegt niet alleen iets over de impact die het internet op ons dagelijks leven heeft. Het zegt minstens zoveel over het onvermogen dat onze politieke leiders in 2006 hebben tentoongespreid. Bush en Blair zakten verder weg in het Iraakse moeras terwijl oliepotentaten als Vladimir Poetin, Hugo Chávez en Mahmoud Ahmadinejad ongestoord hun gang konden gaan.

In Nederland was het in 2006 geen haar beter. Het zelfbewustzijn van de internetburger, die onzichtbaar en onkwetsbaar een grote mond heeft op websites als Telegraaf.nl en GeenStijl.nl, staat in schril contrast met de lage zelfdunk van de huidige generatie politiek leiders. De dictatuur van het proletariaat, zoals Herman Franke het in mei 2002 in NRC *Handelsblad* uitdrukte, heeft tot onzekere en behaagzieke politici geleid.

Terwijl *Time* het internet als een grandioos sociaal experiment ziet, en zelfs een nieuwe wereldomspannende intellectuele economie ontwaart, kleeft de meeste internetgebruikers een bedorven spruitjeslucht aan. Op GeenStijl.nl raken puisterige jongens opgewonden van een bericht over de almaar groter wordende cupmaat van de Nederlandse vrouw (we hoeven alleen de Engelsen en Deensen nog voor ons te dulden).

Andy Warhols *fifteen minutes of fame* is binnen het bereik van eenieder die bereid is om op het schoolplein hondenpoep te verorberen, of die seksuele omgang met een lerares in een steegje achter school digitaal weet vast te leggen. En op de website van *De Telegraaf* wisten internetgebruikers wel raad met Ayaan Hirsi Ali toen die haar paspoort dreigde kwijt te raken. Politici zien Telegraaf.nl en GeenStijl.nl niettemin als verplichte lectuur, bang als ze zijn om de polsslag van de samenleving te missen.

Ook Wouter Bos had de lessen van Fortuyn en Scheffer van buiten geleerd. De kloof tussen burger en overheid moest en zou gedicht. Politici moesten zichzelf opnieuw uitvinden. Ze mochten niet langer regentesk en al helemaal niet *managerial* overkomen. Dus trok Bos in zijn rode windjack de afgelopen jaren naar buurten en pleinen, onderzocht hij de denkwereld van het GeenStijl-publiek en zocht hij nieuwe Nederlanders op in hun koffiehuizen. Dat deze populistische toer niet baatte werd op 22 november 2006 duidelijk toen de PvdA een zeldzaam grote nederlaag moest slikken.

Zeven jaar geleden heeft Balkenende, handig gebruikmakend van de populariteit van Fortuyn, het CDA weer in het centrum van de macht weten te manoeuvreren. Maar op politiek-moreel leiderschap kun je ook hem niet betrappen. Het is sowieso een gotspe dat de man die – toen het stof van de Twin Towers nog niet eens was neergedaald – een geheim pact sloot met de islamofobe Fortuyn, zich laat voorstaan op normen en waarden. Ooit gehoord van *leading by example*, Jan Peter?

Time's gesnoef over de nieuwe intellectuele economie ten spijt, scoort het filmpje 'Britney Spears Nude on the Beach' op YouTube ruim één miljoen kijkers, terwijl alle filmpjes over de oorlog in Irak bij elkaar niet meer dan 20.000 bezoekers hebben getrokken. Voor foto's van Spears zonder slipje wordt de bezoeker doorverwezen naar een (minder preutse) Engelse website. Maakt dát de internetgebruiker al tot wereldburger?

Zoals Herman Franke schreef: vroeger werd de gewone man, zoals dat heette, klein gehouden, te klein, vernederd vaak en vertrapt. Maar nu wordt het gewone volk, vooral door de massamedia, te groot gemaakt, waardoor politici hun simpele nihilisme met grote, politieke inzichten verwarren.

De gemiddelde internetgebruiker is een benepen, bange burger die de globalisering, mede mogelijk gemaakt door datzelfde internet, uitsluitend ziet als een bedreiging voor zijn eigen bestaanszekerheid. Niet voor niets kwamen de partijen die in 2005 succesvol tegen de Europese grondwet ageerden, op 22 november 2006 als overwinnaars uit de bus.

In een bijtend opiniestuk (december 2006) schreef Ilja Pfeijffer in NRC Handelsblad dat de politieke partijen die naar de toekomst kijken in plaats van naar het verleden, en die begrijpen dat er een buitenland is en dat Nederland daar erg veel van heeft, de grote verliezers waren bij de verkiezingen. Een terechte constatering. Maar het probleem was nu juist dat de gevestigde partijen die toekomst noch dat buitenland ook niet of nauwelijks op de agenda hadden gezet, of hadden durven zetten.

Bij de VVD ging het een beetje over globalisering maar helemaal niet over Europa. De PvdA beloonde de aanvoerder van de campagne tegen de Europese grondwet, de huidige minister Plasterk, met een prominente plek in haar programmacommissie, en stelde in de inleidende paragraaf van het verkiezingsprogramma vast dat we ons over China geen zorgen hoefden te maken.

Pfeijffer had gelijk met zijn opmerking dat Nederland een kleinburgerlijk, provinciaals en xenofoob land is geworden. Maar anders dan hij zie ik geen politieke voorhoede van betekenis die een samenhangende visie heeft ontwikkeld op de toekomst van Nederland in een wereld die groter is dan de tuin van de achterban. Wat ik zie zijn bange politici die naar het pijpen van het volk dansen.

Maar politiek is niet voor bange mensen.

Groene vrede

Op de dag, 12 oktober 2007, dat Al Gore en het klimaatpanel van de Verenigde Naties de Nobelprijs voor de Vrede werd toegekend, bereikte de prijs van een vat ruwe olie (159 liter) een nieuw hoogtepunt van 84 dollar. De toegenomen spanningen tussen Turkije en Noord-Irak waren de oorzaak van de prijsstijging. Volgens analisten zou een stijging van de olieprijs naar 100 dollar per vat bepaald niet uitgesloten zijn.

Dezelfde dag zei de voormalige Amerikaanse bevelhebber in Irak, luitenant-generaal Ricardo Sanchez, tegen verslaggevers dat de oorlog in Irak, die inmiddels al vierenhalf jaar duurde, 'een nachtmerrie zonder einde in zicht' is. Die oorlog draait, aldus voormalig centralebankpresident Alan Greenspan, vooral om de olievoorraden in het Midden-Oosten.

Ondertussen bekritiseerde de Amerikaanse minister van Buitenlandse Zaken, Condoleeza Rice, de Russische regering onder leiding van Vladimir Poetin. Volgens Rice had Poetin zoveel macht naar zich toegetrokken dat de 'machtsgreep' de democratie in Rusland dreigde te ondermijnen. Poetin haalde zijn schouders erover op. Als de energieprijzen zouden blijven stijgen, was hij spekkoper.

New York Times-columnist Thomas Friedman waarschuwde drie jaar geleden in NRC *Handelsblad* al dat de onvrijheid in de wereld toeneemt naarmate de olie duurder wordt. Volgens Friedman zijn de Amerikanen verslaafd aan olie, en autofabrikant General Motors (producent van de Hummer) is in zijn ogen de drugsdealer.

De westerse energiehonger voedt en versterkt de regimes in landen als Rusland, Venezuela, Iran, Soedan en Saoedi-Arabië. Het zijn allemaal landen die geen acht slaan op mensenrechten en internationale verdragen. Niettemin kan het Westen weinig tot niets uitrichten, buiten een oorlog beginnen, zolang het van deze landen afhankelijk is voor de olietoevoer.

Olierijkdom verstoort niet alleen de democratische ontwikkeling in de oliestaten, maar ook de economische ontwikkeling omdat de regeringen van die landen geen beroep hoeven te doen op de creativiteit en vitaliteit van de bevolking. Het beleid in de oliestaten is daardoor niet gericht op het bouwen van instituties of een goed onderwijssysteem. Het gaat slechts om wie de energievoorraad controleert.

In Rusland, Venezuela, Iran, Soedan en Saoedi-Arabië worden mensen rijk die in de regering zitten, of die goed bevriend zijn met de machthebbers. In westerse liberale markteconomieën worden mensen rijk door buiten de overheidssector actief te zijn en een eigen onderneming te starten. Niet voor niets wordt het salaris van de minister-president in Nederland gehanteerd als maatstaf voor de (maximum)beloningen in de (semi-)publieke sector.

Dankzij de oliedollars van de Venezolaanse president Hugo Chávez hebben de landen van Zuid-Amerika hun schulden bij het Internationale Monetaire Fonds kunnen aflossen zonder dat ze verdere economische hervormingen hoefden door te voeren. Wat er met deze economieën gebeurt als Chávez de geldkraan dichtdraait is onduidelijk.

De oliedollars spekken de staatskassen van olierijke landen: zij zijn de belangrijkste oorzaak van het Amerikaanse tekort op de lopende rekening van de betalingsbalans en niet langer de opkomende Aziatische economieën.

Rusland, waar in 1999 de reserves minder dan 9 miljard dollar bedroegen, had in 2007 al ruim 250 miljard dollar aan buitenlandse reserves vergaard. De Verenigde Arabische Emiraten hebben het grootste staatsfonds ter wereld. Het fonds had in 2006 een omvang van 875 miljard dollar en groeit gestaag. Met het geld kopen de

Emiraten net als Rusland strategische belangen in het Westen op.

In navolging van bondskanselier Angela Merkel uitte de Nederlandse minister van Economische Zaken Maria van der Hoeven (CDA) haar bezorgdheid over deze ontwikkeling. Volgens haar moet Nederland niet naïef afwachten totdat de extreem rijke opkoopfondsen van de autoritaire staten hier komen winkelen.

Daarnaast moet iets worden gedaan aan de westerse olieverslaving. Dat wil zeggen: verhoging van de brandstofaccijnzen, de invoering van een spitsheffing en een flinke vliegtaks. Als Nederlanders zó gehecht zijn aan eigen identiteit en aan huisje, boompje, beestje dan zie ik sowieso nut en noodzaak van lange autotochten en verre vliegvakanties niet in.

Ondernemingen moeten duurzaam gaan ondernemen. Zoals Annemarie Rakhorst, directeur van Search Bv en Zakenvrouw van het jaar 2000, in een interview in NRC *Handelsblad* (oktober 2007) zei levert duurzaam ondernemen meervoudige winst op: 'Als je kijkt naar de beurswaardering dan zie je dat duurzame bedrijven het in het algemeen beter doen.'

Liesbeth van Tongeren, directeur van Greenpeace, is het met Rakhorst eens: 'Elke euro die wordt geïnvesteerd in kooldioxidereductie verdient zichzelf binnen enkele jaren terug. Tegelijkertijd wordt verdere schade aan het milieu door klimaatverandering voorkomen.'

Klimaatverandering heeft sinds 1960 wereldwijd tot een verdubbeling van het aantal categorie 4 en 5 orkanen geleid. In de Verenigde Staten worden de verzekeringen geannuleerd voor woonhuizen die minder dan 100 kilometer van de kust liggen.

Volgens schattingen van het Nederlandse ministerie van Volkshuisvesting, Ruimtelijke Ordening en Milieu in 2008 zal Nederland 70 miljard euro kwijt zijn aan aanpassingen in verband met de verwachte klimaatverandering. De grootste kostenpost daarbij is bescherming tegen de overstroming van rivieren doordat de gletsjers in de Alpen in hoog tempo aan het smelten zijn.

Achteraf is het natuurlijk altijd makkelijk praten. Maar als de Verenigde Staten zes jaar geleden niet de oorlog in Irak waren begonnen (waarbij zij door Nederland werden gesteund) maar in plaats daarvan een revolutionair energiebeleid zouden zijn gaan voeren, was de wereld nu ongetwijfeld een fijnere plek om te wonen geweest.

De oliezeepbel

Half mei 2008 ageerde *The New York Times*-columnist Paul Krugman tegen deskundigen die de hoge olieprijs afdeden als een speculatieve bubbel. De invloedrijke columnist, die hoogleraar economie is aan de University of Princeton, wees er op dat de prijs van een vat ruwe olie in vijf jaar tijd (nominaal) is vervijfvoudigd.

Al jarenlang beweren deskundigen dat de olieprijs niet kan worden verklaard aan de hand van de *fundamentals*, de onderliggende waarden. De *chief financial officer* van Shell, Peter Voser, zei eind april 2008 hetzelfde, toen hij een toelichting gaf op de eerstekwartaalcijfers. Behalve de koersdaling van de Amerikaanse dollar zou vooral speculatie op de energiemarkt reden zijn voor de stijging van de olieprijs.

Maar volgens Krugman is de wens de vader van de gedachte. Als de stijging van de olieprijzen louter het gevolg is van speculatie op de financiële markten, dan zou er een disbalans ontstaan tussen vraag en aanbod van olie. Door de gestegen olieprijs zouden mensen immers zuiniger met energie omspringen, waardoor de vraag daalt. Bovendien zouden bedrijven als Shell nieuwe, voorheen onrendabele, oliebronnen aanboren, waardoor het aanbod stijgt.

Alleen als iemand bereid is om het overschot aan olie op te kopen, kan de prijs van olie in dat geval blijven stijgen. Maar dan hadden er ergens grote olievoorraden moeten ontstaan, zoals in de jaren zeventig gebeurde toen men tijdens de tweede oliecrisis massaal olie ging hamsteren. Daar is nu geen sprake van. De olievoorraden zijn de afgelopen jaren op normaal peil gebleven.

Waarom blijven deskundigen dan beweren dat de stijging van de olieprijs puur speculatief is?

In de eerste plaats is een aantal van hen erbij gebaat om de illusie in stand te houden dat de prijsstijging speculatief is en derhalve van korte duur zal zijn. Shell bijvoorbeeld wil zijn klanten graag een hoge prijs laten betalen aan de pomp zonder dat die klant gaat investeren in een zuiniger auto of een treinabonnement. Dan zou immers de vraag naar benzine dalen.

In de tweede plaats spelen er politieke motieven. Traditiegetrouw zijn diegenen die ter linkerzijde van het politieke spectrum staan – de progressieven – het meest bedacht op speculanten. Maar in het geval van de stijgende olieprijzen zijn het juist degenen ter rechterzijde van het politieke spectrum – de conservatieven – die om het hardst roepen dat het om een speculatieve bubbel gaat. Conservatieven willen nu eenmaal weinig weten van energiebesparing.

Wie met een beetje realiteitszin de afgelopen periode overziet, kan alleen maar concluderen dat er een tijdperk is aangebroken van toenemende schaarste en dure olie (Goldman Sachs voorspelde zelfs dat olie op afzienbare termijn 200 dollar per vat zou kunnen gaan kosten.) De eurolanden zullen de prijs van een liter benzine zien stijgen indien de dollar aan kracht wint, zoals veel geldhandelaren voorspellen.

Volgens Krugman zijn de gevolgen van de olieschaarste op zich best te overzien. Hij wijst op Frankrijk, dat jaarlijks slechts half zoveel olie per hoofd van de bevolking verbruikt als de Verenigde Staten en desondanks nog steeds als een beschaafd land oogt. Daar staat wel tegenover dat Frankrijk per hoofd van de bevolking bijna drie keer zoveel kernenergie gebruikt als Amerika (alleen Zweden verbruikt nog meer kernenergie).

In 'Groene vrede' (pag. 142) wees ik er op dat als gevolg van de stijgende olieprijs de geopolitieke verhoudingen steeds instabieler worden. Ik liet me niet uit over kernenergie, terwijl die een matigend effect zou kunnen hebben op de olieprijs (hoewel het effect op de geopolitieke verhoudingen twijfelachtig is wegens het risico dat nucleair materiaal in handen van terroristische organisaties belandt).

In april 2008 adviseerde de Sociaal Economische Raad het kabinet om de mogelijkheid van een toekomst mét kernenergie open te houden. De optie van kernenergie mag echter niet leiden tot luiheid bij de energiebesparing. Er is nog zoveel dat op dat gebied kan worden gedaan. In de luchtvaart zou het bijvoorbeeld al een stuk schelen als er iets langzamer gevlogen zou worden en als er een gezamenlijke Europese luchtverkeersleiding zou komen, zegt Greenpeace-directeur Liesbeth van Tongeren. Nu wordt vaak zigzag boven Europa gevlogen.

Volgens mij zou ook iets moeten worden gedaan aan de tegennatuurlijke prijsstelling van tickets. KLM biedt in de verschillende Europese landen verschillende tarieven aan om (allemaal via Amsterdam!) naar New York te vliegen. Om een voorbeeld te noemen: toen ik eind mei 2008 een retourtje New York wilde kopen kostte dat vanuit Londen 341 euro, vanuit Madrid 430 euro, vanuit Frankfurt 507 euro, vanuit Rome 517 euro en vanuit Amsterdam 589 euro. In alle gevallen ging het om het allervoordeligste ticket dat KLM op de desbetreffende route aanbood.

Wie vanuit Amsterdam naar New York wil vliegen, kan op zijn beurt weer enkele tientjes tot soms ruim honderd euro aan vliegkosten besparen door met US Airways, United Airlines, Lufthansa of British Airways via Philadelphia, Washington DC, München of Londen naar New York te vliegen. Hele hordes toeristen vliegen vele honderden kilometers extra teneinde een paar tientjes te besparen.

Op een gemiddelde KLM-vlucht van Amsterdam naar New York is ruim tweederde van de passagiers afkomstig uit een nabijgelegen Europees land. Dit commercieel geïndiceerde omvliegen leidt tot substantieel meer vluchten binnen Europa (en de Verenigde Staten) en dus ook tot substantieel meer kerosineverbruik. Moet er straks een nieuwe kerncentrale worden gebouwd om deze perfide praktijk in stand te houden?

Het omvliegen is goeddeels te verhelpen door op Europees niveau af te spreken dat elke luchtvaartmaatschappij voor omvliegen minimaal moet rekenen wat zij voor een rechtstreekse vlucht rekent. Meer in het algemeen zouden progressieven een wensenlijstje met energiebesparende maatregelen bij de hand moeten houden voor het geval conservatieven over nut en noodzaak van nieuwe kerncentrales beginnen. Ik wil het lijstje wel opstellen. Wie heeft suggesties?

Leve de democratie

Toen in augustus 2008 de strijd in de Kaukasus losbarstte, vermaakte George Bush zich in Peking met de in bikini's geklede beachvolleybalsters van het Amerikaanse olympische team. Toen Rusland een week later nog geen aanstalten had gemaakt om zijn troepen terug te trekken, waarschuwde de Amerikaanse president de Russische leiders dat treiteren en intimideren geen aanvaardbare manieren waren om buitenlandse politiek te bedrijven in de eenentwintigste eeuw. Zou Bush de ironie van zijn eigen woorden inzien?

De Franse president was toen al een week lang dapper op en neer aan het pendelen tussen Moskou en Tbilisi. Aanvankelijk begreep ik niet goed waar Nicolas Sarkozy zijn rol als vredesonderhandelaar aan te danken had. Het duurde even eer het tot mij doordrong dat Frankrijk dit half jaar voorzitter van de Europese Unie is. Dat betekent dat het vanwege het roterend voorzitterschap net zo goed de premier van Malta had kunnen zijn, een land dat evenveel inwoners telt als de stad Den Haag, die in beide hoofdsteden het Europese standpunt voor het voetlicht had gebracht.

De woorden van president Bush zouden ongetwijfeld meer indruk hebben gemaakt als hijzelf niet de eenentwintigste eeuw had ingeluid met ronkende teksten over 'de as van het kwaad', het schofferen van de internationale gemeenschap en de Amerikaanse inval in Irak. Daar staat tegenover dat president Sarkozy in Moskou meer *clout* zou hebben gehad als de Europese lidstaten het Verdrag van Lissabon hadden geratificeerd, in plaats van het door Ierse kiezers op een achternamiddag achteloos van tafel te laten vegen. Het verdrag zou een einde hebben gemaakt aan het eindeloze gejongleer met het voorzitterschap en de EU zou een heuse minister van Buitenlandse Zaken hebben gekregen. In Washington en Moskou weten ze ook dat de Europese lidstaten hopeloos verdeeld zijn.

Het is frustrerend om te zien met welk gemak de Europese idealen de afgelopen jaren zijn verkwanseld door politici, opinieleiders (met name door Ronald Plasterk, de huidige minister van Onderwijs, Cultuur en Wetenschap die vóór zijn nieuwe baan een invloedrijke columnist was voor *de Volkskrant* en het televisieprogramma *Buitenhof*) en kiezers. Uit cijfers die het Centraal Bureau voor de Statistiek (CBS) publiceerde blijkt dat het wantrouwen van de Nederlandse kiezers tegenover Europa sinds het begin van de jaren negentig aanzienlijk is toegenomen. In 2006 was 55 procent van de kiezers tegenstander van een verdere Europese eenwording en slechts 26 procent voorstander. Ruim tien jaar daarvoor, in 1994, waren de voorstanders van een verdergaande Europese eenwording nog in de meerderheid.

De val van de Berlijnse Muur, het uiteenvallen van de Sovjet-Unie, de Duitse hereniging en het besluit van Europese regeringsleiders om tot een gezamenlijke munt te komen markeerden eind vorige eeuw het begin van een decennium van ongekend geopolitiek optimisme. De aanslagen van 11 september 2001 maakten in één klap een einde aan al deze dromen. Tegelijkertijd veranderde ook de waardering voor Europa. Sindsdien heeft geen enkel Europees verdrag de goedkeuring van het electoraat meer kunnen wegdragen. In termen van peuterpsychologie verkeren de kiezers al zeven jaar in de nee-fase. Daardoor kan het gebeuren dat, nu het erop aankomt, Europa nauwelijks een vuist kan maken.

In de jaren negentig vatte de gedachte post dat er geen alternatieven zouden zijn voor de westerse maatschappelijke orde (we dachten destijds ook dat we voortaan alleen nog maar inflatieloze economische groei zouden meemaken). Het politieke en economische liberalisme, zoals we dat in het Westen beleden, zou, zoals de Amerikaanse politicoloog en filosoof Francis Fukuyama in zijn boek *The End of History and the Last Man* uit 1992 betoogde, universeel als de ultieme bestuursvorm gaan gelden.

Toegegeven, er was destijds al kritiek op Fukuyama's ideeën, onder meer van de in 2007 overleden Russische schrijver en Nobelprijswinnaar Aleksandr Solzhjenitsyn. Bij een van zijn zeldzame publieke optredens – hij leefde toen nog in ballingschap – vertelde deze zijn toehoorders, dat hij niet kon meegaan in de euforie. Hij waarschuwde het Westen voor de volhardendheid van de oude Russische elites, de voormalige partijbonzen en KGB-functionarissen die zichzelf zo gemakkelijk omvormden tot 'democraten' en 'zakenmannen'.

Ondanks de kritiek werd Fukuyama's gedachtengoed leidraad voor het buitenlands beleid in de jaren negentig. Dat was in de eerste plaats gericht op het vrijmaken van de wereldhandel en het omvormen van de voorheen centraal geleide economieën tot markteconomieën.

In de zomer van 2008 bereikt de inflatie in Europa en de Verenigde Staten bijna historische hoogten en blijken China en Rusland niet de democratische paradijzen te zijn geworden die ons eind vorige eeuw werden voorgespiegeld. De Amerikaanse neoconservatieve commentator Robert Kagan opent zijn boek, *The Return of History and the End of Dreams* (2008), niet voor niets met de zin: 'De wereld is weer normaal geworden.' Maar misschien is zelfs Kagan nog te optimistisch. In plaats van dat de wereld vrijer is geworden, is de wereld juist minder vrij geworden. China en Rusland bestrijden ons tegenwoordig met onze eigen (kapitalistische) middelen.

Nu we niet freewheelend het einde van de geschiedenis tegemoet gaan maar er echt wat op het spel staat, heeft de kiezer zijn buik vol van Europa. Politici met een visie die niet verder reikt dan de eigen achtertuin worden daarvoor royaal beloond door het electoraat, zowel in Nederland als daarbuiten. Europeanen zijn in dat opzicht geen haar beter dan Amerikanen, die vier jaar geleden George Bush verkozen boven de Democratische presidentskandidaat John Kerry, louter omdat die laatste een paar woorden Frans bleek te kunnen spreken.

De terugkeer van de geschiedenis

Het ongelijk van Francis Fukuyama

Op de bres voor het westers mensbeeld

Na het verschijnen in 1992 van Francis Fukuyama's *The End of History and the Last Man* vatte de gedachte post dat de westerse liberale democratie het Sovjetcommunisme had verslagen omdat het als ideologie superieur zou zijn aan het communisme. In de ogen van Fukuyama was er sprake van het einde van de geschiedenis omdat er geen echte alternatieven meer zouden zijn voor de bestaande liberaal-kapitalistische maatschappelijke orde. Het politieke en economische liberalisme zou universeel als de ultieme vorm van regeren gaan gelden.

Ruim drie jaar na de inval in Irak, weet ook Francis Fukuyama dat de werkelijkheid weerbarstiger is. Ondanks relatief succesvolle democratische verkiezingen in december 2005 lijkt Irak een verloren zaak. De grove schendingen in Abu Ghraib en de moordpartij op 24 Irakese burgers in Haditha hebben het westers aanzien besmeurd. Zelfs *New York Times*-columnist Thomas Friedman, die een van de grootste cheerleaders van de Amerikaanse invasie was, pleitte later voor terugtrekking van de Amerikaanse troepen vanwege de anarchie die in Irak was uitgebroken. De democratie bleek maar moeilijk wortel te schieten.

De situatie in Afghanistan is nauwelijks beter. Ondanks het feit dat de Amerikaanse militaire interventie kon rekenen op steun van de bondgenoten, en ondanks de hoge opkomst bij de in september 2005 gehouden vrije parlementsverkiezingen, is het aantal aanslagen en militaire en burgerslachtoffers weer sterk toegenomen. De zelfmoordcommando's worden steeds meedogenlozer en geraffineerder. Gevallen van kidnapping en gijzelneming tonen een overlap tussen jihadstrijd en georganiseerde drugsmisdaad. Anarchistische chaos dreigt, net als in Irak.

Waar vrije verkiezingen wel een duidelijk mandaat opleveren, zoals de zege van Hamas in de Palestijnse gebieden, kan het resultaat het Westen ook niet bekoren. De Verenigde Staten en de Europese Unie waren er als de kippen bij om de geldkraan dicht te draaien daags na de door hen zo vurig gewenste verkiezingen. Ook gingen meteen stemmen op om te stoppen met het propageren van democratie in het Midden-Oosten. Liever nog de legercoup die in 1992 in Algerije de opmars van de extremistische islamistische partij FIS stuitte.

Terwijl de export van democratie, met diplomatieke en militaire middelen, een nogal wisselend beeld oplevert, maakte de opwinding die de Deense cartoons begin 2006 veroorzaakten eens te meer duidelijk dat de westerse liberale democratie niet ongevoelig is voor druk van buitenaf. Het wijzen op de mogelijkheid van een gang naar de Deense rechter deed potsierlijk aan toen buiten de Europese landsgrenzen tientallen doden vielen in door regeringen georkestreerde cartoonprotesten. Volgens een hoofdredactioneel commentaar in NRC *Handelsblad* heeft de immigratie van moslims Europa regelrecht teruggeworpen in de heftige godsdienststrijd van vroeger.

Binnen de grenzen van Europa, en in het bijzonder in Nederland en België, overheerst het ongenoegen over het feit dat de genereuze welvaartsstaat thuishaven is geworden voor een onwelkome moslimminderheid, die de westerse normen en waarden niet deelt, en die zelfs rekruten oplevert voor een islamitische jihad op eigen grondgebied. De onrust wijst op een ernstig en nijpend maatschappelijk probleem: Europese landen zijn er onvoldoende in geslaagd hun migranten met succes volwaardig op te nemen in hun samenlevingen.

De mensenrechtencommissie van de Verenigde Naties wordt, behalve door Nederland, bemand door notoire mensenrechtenschenders als Saoedi-Arabië, China en Cuba, wat al een verbetering is ten opzichte van de vorige mensenrechtencommissie. Onder die commissie kon Soedan, medeplichtig aan de slachtpartijen in Darfur, instemmen met een nietszeggende motie. In de Veiligheidsraad trekken Rusland en China vaak samen op, en gebruiken hun vetorecht om de ontwikkeling van internationale normen voor militaire interventies in regio's als Soedan tegen te houden.

In Latijns-Amerika heeft de bevolking de buik vol van het economische hervormingsbeleid dat door het Internationaal Monetair Fonds in de jaren negentig werd afgedwongen. Bij vrije verkiezingen zijn de socialisten Bachelet (Chili), Lula (Brazilië), Kirchner (Argentinië), Chávez (Venezuela) en Morales (Bolivia) met overgrote meerderheid tot nieuwe leiders gekozen. In de ogen van deze linkse politici zijn het neoliberalisme en de privatiseringen van de jaren negentig de oorzaak van de huidige sociaal-economische problemen in de regio. Evo Morales heeft op 1 mei 2006, de Dag van de Arbeid, de militairen de Boliviaanse olie- en gasvelden laten bezetten, en heeft per decreet de nationalisatie ervan afgekondigd.

Ook in Rusland is de olie-industrie weer onder staatstoezicht gesteld, en zijn Sibneft en Yuganskneftgas, de productietak van Yukos, gerenationaliseerd. Begin jaren negentig leek het land nog af te stevenen op een westerse, liberale toekomst. Maar een handvol oligarchen kon zich onder president Jeltsin op schaamteloze wijze verrijken aan 's lands natuurlijke energiebronnen. In plaats van de vergaarde rijkdom te investeren in eigen land, werd die in buitenlandse voetbalclubs gepompt. Inmiddels heeft president Vladimir Poetin een hele reeks maatregelen genomen die de economische en politieke vrijheden terugdraaien.

Van politieke vrijheid is in China sinds de afgewende revolutie op het Plein van de Hemelse Vrede in het voorjaar van 1989 niets meer vernomen. De Chinese autoriteiten zijn erin geslaagd om het internet effectief te censureren. Grote internetbedrijven, zoals Google, Microsoft en Yahoo zijn gecapituleerd voor de eisen van China om zelfcensuur toe te passen ten einde zich toegang te verzekeren tot 's werelds grootste markt. Yahoo heeft zelfs het e-mail-verkeer van ten minste één journalist aan de Chinese overheid ge-geven, waarop die is vervolgd en gevangengezet.

Het autoritaire beleid in China schept een gevaarlijk brouwsel van vriendjespolitiek, voortwoekerende corruptie en toenemende ongelijkheid. Het idee dat de economische liberalisering en de toe-treding van het land tot de WTO in 2002 automatisch ook tot poli-tieke hervormingen zou leiden, is een illusie gebleken. Zoals Ro-bert Kagan in de *Washington Post* (30 april 2006) schreef, raakt China meer en meer geïntegreerd in de mondiale economische or-de, maar is politieke liberalisering niet langer meer vanzelfspre-kend. Volgens Kagan is er sprake van een 'Chinees model', waarin politieke autocratie en economische groei hand in hand gaan.

De globalisering zal in toenemende mate een wissel trekken op de economieën van Europa en de Verenigde Staten. Volgens schattin-gen komt pakweg een kwart van de huidige banenvoorraad in de Europese Unie in gevaar door *offshoring* naar landen als China en India. Deze lagelonenlanden zijn niet alleen concurrerend voor de productiesector maar worden dat door de mondiale verbreiding van computers en internet ook voor de dienstensector. (Zie 'Glo-balisering à la carte' [pag. 110] voor een uitwerking.)

Als China en India er dan ook nog werk van maken om de inno-vatiekloof met het Westen te dichten, moeten we niet vreemd op-kijken als Europa en de Verenigde Staten op termijn de grote ver-liezers zullen worden van het globaliseringsproces. Of het dichten van die kloof ook daadwerkelijk lukt, zal niet zozeer afhangen van het opkrikken van het algemene onderwijspeil in die landen, maar meer van de daadkracht van de nieuwe elite. De gigantisch om-vangrijke bevolking in zowel China als India (respectievelijk 1,3 en 1,1 miljard inwoners) biedt die elite ongekende mogelijkheden om het Westen de loef af te steken. Tegenover elke Nederlandse stu-dent computerengineering staan er alleen in India al meer dan honderd. Microsoft kan zijn vacatures in de VS alleen nog maar vullen door in India personeel te gaan werven. Dat bijna de helft van de Indiërs niet kan lezen of schrijven, doet daar niets aan af.

Economische globalisering creëert aantoonbaar veel rijkdom. Maar meer dan tien jaar na de computer- en internetrevolutie, en met de economische integratie die mogelijk werd door het einde van de Koude Oorlog, is het veel minder duidelijk of globalisering de welvaart ook over de verschillende bevolkingsgroepen verspreidt. Er is eerder bewijs van het tegendeel, namelijk dat de groeiende ongelijkheid tussen arm en rijk in landen in Latijns-Amerika en in Azië samenhangt met het gegeven dat een aantal mensen weet aan te haken bij de globaliseringskaravaan en heel veel mensen met lege handen achterblijven.

De regimes in China en Rusland laten zich, hoewel beide hun wortels in het communisme hebben, weinig gelegen liggen aan het gelijkheidsideaal, net als India overigens, dat nog steeds geregeerd wordt door het kastenstelsel. De inkomensongelijkheid in Azië is daardoor de laatste jaren exponentieel toegenomen. In China heeft minder dan een half procent van de Chinese huishoudens meer dan 60 procent van de private rijkdommen in handen. In India heeft de armste helft van de bevolking nu minder te verteren dan tien jaar geleden, terwijl de Indiase economie al die tijd gegroeid is met gemiddeld ruim 6 procent per jaar en het nationaal inkomen bijna verdubbeld is. De Russische rijkdom is in handen van enkele superrijken. Op de *Forbes billionaire* ranglijst staan maar liefst 32 Russen. De meesten zijn jonger dan veertig jaar.

De rijkdom die globalisering creëert wordt in deze landen nauwelijks aangewend voor publieke investeringen in onderwijs en gezondheidszorg ten behoeve van de mensen in de onderklasse. De nieuwe elite in China wordt niet afgeremd door het feit dat de leefomstandigheden op het Chinese platteland erbarmelijk zijn; die van India laat zich niet afleiden door het gegeven dat bijna de helft van de Indiërs analfabeet is, of het feit dat er in het land meer dan een half miljoen kinderen in bordelen zitten opgesloten. De enige wijze waarop de onderlagen profiteren van de globalisering is door de *spill-over* effecten, dat wil zeggen als de nieuwe rijken hun rijkdom vermorsen.

In plaats van de ons door Francis Fukuyama in het vooruitzicht gestelde zegetocht van het politiek en economisch liberalisme, zien we een westers mensbeeld van vrijheid, gelijkheid en democratie dat in toenemende mate in de verdrukking komt. Dat in de toekomst de strijd om wereldhegemonie zich alleen nog afspeelt tussen de Verenigde Staten en de Europese Unie is niet geloofwaardig. De in 2004 verschenen boeken *The European Dream: How Europe's Vision of the Future Is Quietly Eclipsing the American Dream* van Jeremy Rifkin en *The United States Of Europe: The New Superpower and the End of American Supremacy* van T.R. Reid slaan de plank dan ook mis.

Zowel Rifkin als Reid blijft met hun analyses nauwgezet binnen het paradigma dat Francis Fukuyama heeft geschetst in zijn boek *The End of History and the Last Man* (1992). In die visie is er nog maar één weg naar de toekomst en naar een zinvolle verbetering van onze samenlevingen, namelijk die van een voortdurend sleutelen aan het liberaal-kapitalisme om het in een zo optimaal mogelijke conditie te houden. Binnen dit enge kader leggen Reid en Rifkin uit waarom de Europese Unie, en niet de Verenigde Staten, de toekomst heeft. Als je afgaat op hun boeken zou je bijna denken dat het om een schoonheidswedstrijd gaat.

De val van de Berlijnse Muur, het uiteenvallen van de Sovjet-Unie, de Duitse hereniging en het besluit van Europese regeringsleiders om tot een gezamenlijke munt te komen markeerden het begin van een tijdperk van ongekend geopolitiek optimisme. De veranderingen in de politieke verhoudingen werden snel opgevolgd met de doorbraak van internet en e-mail bij het grote publiek in 1995, en de economische hausse in de Verenigde Staten en Europa. De 'nieuwe economie' kenmerkte zich door inflatieloze economische groei. Op 11 maart 2000 bereikte de NASDAQ, de Amerikaanse technologiebeurs, de hoogste stand ooit. In de voorafgaande tien jaren was de gemiddelde koersstijging maar liefst 35 procent geweest.

Het is niet vreemd dat onder die omstandigheden triomfalisme zich meester maakte van het Westen. Het waren, zoals econoom en Nobelprijswinnaar Joseph Stiglitz schrijft in zijn meest recente boek, *The Roaring Nineties*. De illusie dat de geschiedenis ten einde was gekomen, en dat de globalisering de wereld zou ontdoen van haar laatste dictators, had niet alleen belangrijke consequenties voor het buitenlands beleid van de Verenigde Staten. Ook de schizofrene houding die Europeanen deze dagen aannemen ten aanzien van de Europese eenwording, is een rechtstreeks gevolg van die illusievolle jaren.

In de Verenigde Staten heeft Fukuyama's gedachtengoed vooral tot hubris geleid. Adepten van de neoconservatieve beweging spoorden in 1998 in een open brief president Clinton aan om het regime van Saddam Hussein omver te werpen. Verscheidene ondertekenaars, zoals Donald Rumsfeld, Paul Wolfowitz en John Bolton, kregen in 2001 sleutelposities in de regering-Bush. In lijn met het Amerikaanse mantra van *time is money*, dachten de neoconservatieven, waartoe Fukuyama zichzelf destijds ook rekende, met een militaire inval in Irak de opmars van de democratie in de wereld te kunnen bespoedigen.

In Europa hebben Fukuyama's ideeën juist tot zelfingenomenheid en passiviteit geleid. Een gevoel van *entitlement* maakte zich in de jaren negentig van de mensen meester, alsof vrijheid en welvaart een geboorterecht zouden zijn. De euforie duurde bijna tien jaar lang. In de zomer van 2000 beleefde de Nederlandse aandelenbeurs haar laatste campinghausse; de AEX sloot in september dat jaar boven de 700 punten. Maar toen spatte de internetbubbel uiteen. Een jaar later vlogen American Airlines Flight 11 en United Airlines Flight 175 de 415 meter hoge Twin Towers binnen. Europa reageerde verongelijkt. Ik was zelf op 11 september in New York, en het is me altijd opgevallen dat mensen in Europa over de aanslagen spreken als iets wat vooral *hen* is aangedaan.

9/11 maakte een einde aan de illusies van de Europeanen. Daarvoor in de plaats kwam het (terug)verlangen naar de knusse tijd tussen de val van de Muur en het instorten van de Towers, zoals Luuk van Middelaar in NRC *Handelsblad* (21/12/2002) vaststelde. Met het gezicht naar het verleden, en de rug naar de toekomst, probeert men de geschiedenis alsnog een halt toe te roepen. Uit enquêtes blijkt dat de bevolking in overgrote meerderheid tevreden is met hetgeen de Europese Unie tot nu toe heeft bereikt. Evengoed stemde bij de Franse en Nederlandse volksraadplegingen bijna tweederde van de kiezers tegen de Europese grondwet.

Men wil Europa niet, terwijl Europa wel moet. De geschiedenis is niet af. China en Rusland zijn daar het bewijs van. Meer nog dan militaire dominantie zal economische macht in de toekomst bepalend zijn voor wie er in de wereld aan de touwtjes trekt. China heeft in dit opzicht de beste kaarten in handen. Het land is dé motor van de globalisering, een Wal-Mart met een eigen leger. Omdat de Chinese economische expansie haar uitwerking niet mist op de vraag naar olie, gas en andere natuurlijke hulpbronnen zie je hierover nu al de geopolitieke strijd ontbranden. Alleen een sterke en daadkrachtige Europese Unie kan serieus meespelen op het wereldschaakbord.

Naarmate China's economische ster verder rijst, zal het Westen aan politieke macht inboeten. De grote vraag is of China's entree op het mondiale toneel het Westen meer Chinees zal maken, of China meer westers. Het laatste ligt misschien het meest voor de hand, omdat China zelf geen enkele traditie heeft in het wereldbestuur. De internationale spelregels kunnen daardoor overwegend westers blijven, ook als China zich ontwikkelt tot de nieuwe hypermacht. Hoe beter de Europese Unie en de Verenigde Staten er de komende jaren in slagen om een internationale coalitie te vormen, des te meer van het westers mensbeeld behouden zal blijven. Wie denkt, zoals Reid en Rifkin, dat het in de toekomst nog slechts gaat om een schoonheidswedstrijd tussen de twee westerse grootmachten, vergist zich schromelijk. De werkelijke uitdaging ligt in het Oosten.

Vrijhandel onder voorwaarden

Half september 2006 spraken de Europese Unie en China af onderhandelingen te beginnen die moeten leiden tot een breed verdrag over vrijhandel en investeringen. Een dag later kondigden de Chinese autoriteiten aan dat buitenlandse media in China niet langer zelfstandig nieuws mogen verspreiden. Het Chinese staatspersbureau heeft nu het alleenrecht om de Chinezen over de gebeurtenissen elders ter wereld te informeren.

Na de afgewende revolutie op het Plein van de Hemelse Vrede in het voorjaar van 1989 is van politieke vrijheid in China überhaupt niets meer vernomen. De Chinese autoriteiten zijn erin geslaagd het internet effectief te censureren. Grote internetbedrijven als Google en Yahoo zijn gecapituleerd voor de eisen van China om zelfcensuur toe te passen ten einde zich toegang te verzekeren tot 's werelds grootste markt. De oprichter van internetencyclopedie Wikipedia, Jimmy Wales, zegt teksten niet te zullen censureren onder druk van de Chinese autoriteiten, ook niet nu de Chineestalige Wikipedia op het Chinese vasteland al bijna een jaar lang wordt geblokkeerd. Begin 2008 nog werd een onderzoeker voor de *New York Times* in China tot twee jaar gevangenisstraf veroordeeld omdat hij staatsgeheimen zou hebben verraden.

De gedachte dat economische vrijhandel met China automatisch ook tot politieke hervormingen in dat land zou leiden, is een illusie gebleken. De Olympische Spelen die in 2008 in Peking werden gehouden, hebben ook niet het democratische manna gebracht dat velen ervan verwachtten.

Zoals Robert Kagan op 8 mei 2008 in NRC *Handelsblad* schreef, raakt China meer en meer geïntegreerd in de mondiale economische orde, maar is politieke liberalisering niet langer meer vanzelf-sprekend. Volgens Kagan is er sprake van een Chinees model, waarin politieke autocratie en economische groei hand in hand gaan, en waarbij democratie noch vrijheid gegarandeerd is.

Van de rijkdom die globalisering creëert, is het volstrekt ondui-delijk of die zich ook verspreidt onder de verschillende bevolkings-groepen. Het tegendeel lijkt het geval te zijn. De inkomensonge-lijkheid in Azië is de laatste jaren exponentieel toegenomen. In China houdt minder dan een half procent van de Chinese huis-houdens meer dan 60 procent van de private rijkdommen in han-den.

In plaats van de zegetocht van het politiek en economisch libe-ralisme die Francis Fukuyama ons in *The End of History and The Last Man* voorspiegelde, zien we dat het westerse mensbeeld van vrijheid, gelijkheid en democratie in toenemende mate in de ver-drukking komt. Van het triomfalisme dat ons eind vorige eeuw in zijn greep kreeg, en dat door Mathijs Bouman voor Nederland fraai is opgetekend in zijn boek *Hollandse overmoed* (2006), is wei-nig meer over.

Als Robert Kagan het gelijk aan zijn zijde heeft, is de strategie van het Westen om de nadruk te leggen op vrijhandel met China een tamelijk riskante. Meer nog dan militaire dominantie zal eco-nomische macht in de toekomst namelijk bepalen wie er in de we-reld aan de touwtjes trekt. En dan is China gegadigde nummer 1. Als dé motor van de globalisering zal het land economisch steeds sterker worden, en zo ook steeds meer politieke macht verwerven. Als politiek liberalisme niet vanzelfsprekend voortvloeit uit eco-nomisch liberalisme, dan heeft het Westen nu zo'n beetje zijn laat-ste kans om westerse waarden te promoten.

Mensenrechten zijn altijd een *sideshow* geweest in de betrekkin-gen met China, en slechts met lichte gêne, uit overwegingen van politieke correctheid, ter sprake gebracht. Maar Kagan volgend, zouden democratische hervormingen, persvrijheid en mensenrechten juist agendapunt één, twee en drie moeten zijn bij de onderhandelingen tussen de Europese Unie met China.

Nobelprijswinnaar Joseph Stiglitz schreef in 2002 in *Globalization and its Discontents* dat globalisering verwoestende gevolgen kan hebben voor de armen in de ontwikkelingslanden. Zonder te ontkennen dat aan economische integratie veel positieve kanten zitten, pleitte Stiglitz er toen voor om het globaliseringsproces strikter te managen door volledige vrijhandel alleen te realiseren tussen groepen van landen die in een vergelijkbare fase van ontwikkeling zijn.

Stiglitz' pleidooi werd met name gevoed door zijn zorg om de allerarmste landen, zoals Ethiopië en Malawi. Als directeur van de Wereldbank had hij met eigen ogen de armoede kunnen aanschouwen die mede werd veroorzaakt door het neoliberale beleid dat het Internationale Monetaire Fonds in de jaren negentig voorschreef. Volgens Stiglitz was het geloof in de superioriteit van vrije markten een vorm van religie, niet vatbaar voor rationele tegenargumenten of tegenbewijs.

Nu zelfs een vurig pleitbezorger van het economisch liberalisme als Robert Kagan de voordelen ervan betwist, wordt het hoog tijd om Stiglitz' ideeën over globalisering serieus te nemen. De Europese Unie moet haar strategie in het handelsoverleg met China drastisch aanpassen. Voor zover dat iets met protectionisme van doen heeft, gaat het om het beschermen van immateriële westerse waarden als vrijheid en democratie.

De cirkel is rond

In oktober 2008 schreef Francis Fukuyama, de profeet die in 1989 in een essay het einde der geschiedenis verkondigde, in NRC *Handelsblad* dat Amerika zich moet bevrijden van de Reagan-dwangbuis. Onder het presidentschap van Ronald Reagan (1981-1989) werd het tijdperk ingeluid van hebzucht, egoïsme, onverantwoordelijkheid, overvloed en verwaarlozing. Zoals Michael Douglas alias Gordon Gekko in de film *Wall Street* (1987) dit tijdperk samenvatte: 'Hebzucht is goed. Hebzucht is terecht, hebzucht werkt. Hebzucht verheldert, snijdt en vangt de essentie van de evolutionaire esprit. Hebzucht, in al zijn vormen; hebzucht voor leven, voor geld, voor liefde en kennis heeft de vooruitgang van de mensheid gekenmerkt.'

Hoewel er tijdens het presidentschap van Bill Clinton (1993-2001) meer banen bij kwamen dan onder de presidenten Reagan en Bush samen, en de middenklasse na een decennium van inkomensstagnatie eindelijk het inkomen weer zag stijgen, deed Clinton weinig om de dynamiek van de Amerikaanse economie te veranderen. Integendeel. Toen in 1997 de *Commodity Futures Trading Commission*, een commissie die de handel in opties en termijncontracten reguleert, waarschuwde voor de risico's van derivatenhandel, legden de toenmalige centralebankpresident Alan Greenspan en minister van Financiën Robert Rubin de commissievoorzitter, Brooksley Born, het zwijgen op.

Alan Greenspan, die van 1987 tot 2006 presideerde over het Amerikaanse stelsel van centrale banken, geloofde heilig dat de partijen op de financiële markten verantwoordelijk zouden handelen en hun verlichte eigenbelang zouden nastreven. 'Over de jaren hebben we op de financiële markten gezien dat derivaten een buitengewoon nuttig vehikel zijn om risico te verleggen van degenen die het risico niet kunnen dragen naar degenen die bereid en in staat zijn het risico wel te dragen,' verklaarde Greenspan in 2003 voor de senaatscommissie die gaat over bankentoezicht. 'We denken dat het een fout zou zijn om deze contracten verder te reguleren,' voegde hij eraan toe.

Maar Warren Buffett, de meest succesvolle investeerder ter wereld en volgens het Amerikaanse weekblad *Forbes* inmiddels ook de rijkste man ter wereld, waarschuwde in hetzelfde jaar dat derivaten tijdbommen waren, zowel voor de marktpartijen die erin handelen als voor het economisch systeem. Dat derivaten financiële massavernietigingswapens waren. Aan de aandeelhouders van zijn investeringsmaatschappij Berkshire Hathaway Inc. schreef Buffett in 2005: 'Grote hoeveelheden risico, in het bijzonder kredietrisico, zijn geconcentreerd in de handen van een paar derivatenhandelaren, die ook nog eens onderling veel met elkaar handelen. De problemen van een handelaar kunnen snel de andere handelaren besmetten. (...) De verbondenheid, wanneer die plotseling opduikt, kan tot ernstige systematische problemen leiden.'

De regering-Bush sloeg alle waarschuwingen in de wind. De afgelopen jaren zwol de derivatenmarkt op tot een geschatte waarde van 596 biljoen dollar, dat is bijna vier keer de waarde van alle aandelen, obligaties en bankdeposito's ter wereld. Daarnaast verdween onder Bush het begrotingsoverschot dat Bill Clinton zijn opvolger eind 2000 had nagelaten als sneeuw voor de zon. Volgens vicepresident Cheney had het Reagan-tijdperk bewezen dat 'tekorten er niet toe doen'. Maar economen waarschuwden jaren geleden al dat het dubbele tekort (zowel op de betalingsbalans als op de begroting) tot grote financiële instabiliteit zou leiden.

In het najaar van 2008 zag de regering-Bush zich gedwongen om met honderden miljarden dollars van de Amerikaanse belastingbetaler staatsdeelnemingen in de grootste banken en verzekeringsmaatschappijen te nemen ten einde het financiële stelsel voor de ondergang te behoeden. 'De ussa,' schamperde Willem Buiter, hoogleraar politieke economie aan de London School of Economics, in september 2008 al op zijn weblog bij de *Financial Times.* Francis Fukuyama gaf in oktober 2008 toe dat het hem ook niet helemaal duidelijk was in wiens voordeel de geschiedenis beslecht was.

Met zijn essay *Het einde van de geschiedenis* voorzag Fukuyama het westers triomfalisme na de val van de Berlijnse Muur van een theoretische basis. Ongebreideld kapitalisme was in de ogen van veel westerse leiders de beste manier om liberaal democratische waarden over de hele wereld te verbreiden. Bovendien zou volgens neoconservatieven, waartoe ook Fukuyama behoorde, de oorlog in Irak die onvermijdelijke uitkomst bespoedigen.

Telkens als de praktijk weerbarstiger blijkt dan de leer, schrijft Fukuyama een zelfgenoegzame rechtvaardiging van zijn essay uit 1989. Toen de Irakezen de Amerikaanse soldaten niet met rozenblaadjes verwelkomden maar met bermbommen, hield Fukuyama in *Na het neoconservatisme* (2006) vol dat er geen alternatieven zijn voor het politiek en economisch liberalisme. Het enige wat het Westen nodig had was meer geduld.

In een opiniestuk dat een dag na de euforische afsluiting van de Olympische Spelen in *The Washington Post* stond, vergoelijkte Fukuyama de autoritaire regimes in Rusland en China. Het waren dan wel geen toonbeelden van liberale democratieën, betoogde Fukuyama, maar de hedendaagse dictaturen waren verbazend zwak als het aankwam op ideeën en ideologieën. Nazi-Duitsland, de Sovjet-Unie en het China van Mao – daarentegen – waren zo gevaarlijk omdat ze gebouwd waren op krachtige ideeën met potentieel universele aantrekkingskracht. Het was kennelijk nog niet tot Fukuyama doorgedrongen dat sterke ideologieën, zoals het naakte kapitalisme van Reagan en Bush, in de praktijk juist kwetsbaar blijken.

Nu de westerse economieën op de rand van de afgrond balanceren predikt de immer flexibele Fukuyama plotseling kapitalisme-*light* en een grote rol voor overheden. Van profeet tot apologeet en weer terug. De cirkel is rond.

Na de euforie

Darryl Pinckney, een zwarte auteur die regelmatig schrijft voor *The New York Review of Books*, zei dat de taferelen na de eclatante verkiezingsoverwinning van Barack Obama hem deden denken aan de val van de Berlijnse Muur in november 1989. Op de avond van 4 november scandeerde voor het beroemde Apollo Theatre in Harlem, de van oudsher zwarte wijk in New York, een uitgelaten menigte de naam van *president-elect* Obama op de klanken van een steelband.

Hoewel president Bush, vicepresident Cheney en de Republikeinse partij niet zomaar op één lijn kunnen worden gesteld met Erich Honecker en de communistische partij in het voormalige Oost-Duitsland, hadden de gebeurtenissen in november 1989 en november 2008 het gevoel met elkaar gemeen dat een tijdperk ten einde was gekomen, dat er een even wezenlijke als plotselinge verandering had plaatsgehad en zelfs dat iets omver was geworpen.

Laten we echter hopen dat daar de gelijkenis tussen beide, inderdaad historische, gebeurtenissen stopt en dat het Westen deze keer niet dezelfde fouten zal maken als na de val van de Muur. Rusland verviel toen in drie jaar tijd van supermacht tot een zwak en machteloos land. De Russische planeconomie werd met hulp van het Westen zo snel mogelijk omgevormd tot een markteconomie. In de golf van triomfalisme die het Westen na de val van de Muur overspoelde, verloren de politieke leiders al hun waakzaamheid.

Volgens Edward Lucas, correspondent voor het gezaghebbende Britse weekblad *The Economist* en schrijver van *De nieuwe Koude Oorlog* (2008), was het een rampzalige vergissing van het Westen om te veronderstellen dat Rusland geleidelijk aan een westers land zou worden. Twee decennia nadat de Russische president Michail Gorbatsjov begon met de ontmanteling van het Sovjetcommunisme toont het Rusland van Vladimir Poetin vooral minachting voor het westerse, op recht en wet gebaseerde samenlevingsmodel.

In 2006 werd op de verjaardag van Poetin (bij wijze van geschenk?) de Russische journaliste Anna Politkovskaja in de lift van haar flat in Moskou doodgeschoten. Drie weken na de moord werd in hartje Londen Aleksandr Litvinenko, een voormalige agent van de Russische geheime dienst, met polonium vergiftigd. Dit radioactieve isotoop is zo moeilijk verkrijgbaar en dermate kort houdbaar dat de nucleaire aanslag feitelijk alleen het werk kan zijn geweest van de FSB (de binnenlandse tak van de vroegere KGB).

De ideologische tegenstelling tussen Rusland en het Westen betreft niet langer het communisme versus het kapitalisme (tegenwoordig worden ook in het Westen bedrijven op Sovjetachtige wijze genationaliseerd), maar het wetteloze en xenofobe nationalisme in Rusland versus het liberale en rechtstatelijke multinationalisme van het Westen.

De Russische president Dmitri Medvedev verwelkomde de verkiezingszege van Barack Obama met het dreigement dat Rusland bommenwerpers aan de Poolse grens zal stationeren als de Verenigde Staten raketafweersystemen plaatst in Oost-Europa. Er is het Kremlin blijkbaar veel aan gelegen om de nieuwe Koude Oorlog te continueren. Het is me dan ook een raadsel met welk deel van Azië Europa een veiligheidsverbond zou moeten afsluiten, zoals Sampiemon en Van Wolferen in NRC Handelsblad (22 nov. 2008) opperden.

De houding van China tegenover de Verenigde Staten kan het best als passief-agressief worden omschreven. De film *Dark Matter* (2007) gaat over Lu Gang, een Chinese natuurkundige, die de University of Iowa binnenwandelt en zijn hoogleraar en nog vijf anderen vermoordt alvorens hij het pistool tegen zijn slaap zet en zichzelf doodschiet.

De schietpartij op de campus in Iowa, die in werkelijkheid in de winter van 1991 plaatsvond, is door de Chinese regisseur Chen Shi-Zheng aangegrepen om de psychologische dynamiek tussen China en het Westen te onderzoeken. Volgens sinoloog Orville Schell, die de film *Dark Matter* besprak in het augustusnummer van *The New York Review of Books*, is China historisch gezien verwond door buitenlandse mogendheden, een situatie die volgens Schell nog wordt verergerd door de wijze waarop het Westen de inspanningen van China om te worden geaccepteerd als wereldmacht dwarsboomt.

De hoofdpersoon in *Dark Matter*, die in de film Liu Xing heet, verbeeldt in extreme vorm de complexe relatie die het hedendaagse China heeft met de buitenwereld, aldus regisseur Shi-Zheng. Liu Xing voelt zich superieur, vanwege de grootse Chinese beschaving waarin hij is opgegroeid, maar doordat China nog steeds achterligt bij de Verenigde Staten is hij toch onzeker. Liu Xing ziet de Amerikanen, die hij bij aanvang van zijn studie nog vereert, uiteindelijk als zijn onderdrukkers.

Er is geen reden om erop te vertrouwen dat de opkomst van China geen bedreiging vormt voor het Westen, zoals de Singaporese diplomaat en hoogleraar Kishore Mahbubani, die in het najaar van 2008 door Nederland toerde met zijn boek *De eeuw van Azië* (2008), ons wil doen geloven. Ook is het niet evident dat er in het land democratische hervormingen zullen plaatsvinden. De middenklasse in China houdt dat juist tegen, bang als zij is voor een massa muitende arbeiders.

Barack Obama heeft sinds de verkiezingen bewezen minder naïef te zijn dan veel van zijn aanhangers. Gelukkig maar. Naast het topteam aan economen dat hij benoemde, zullen Hillary Clinton, James Jones en Robert Gates samen met vicepresident Joseph Biden het buitenlandteam vormen. Alle vier staan bekend om een gezonde dosis realisme.

Naïviteit vertaald als 'hoop' mag deze dagen dan hip zijn, zoals de Amerikaanse schrijfster Joan Didion verzuchtte tijdens een symposium in de New York Public Library, het was en is een slechte leidraad voor buitenlands beleid.

Aan het werk!

Aanzetten tot een kansenmaatschappij

Een kopje suiker

Robert Putnam, auteur van *Bowling Alone* en held van linkse politici als Tony Blair en Wouter Bos, kwam in het najaar van 2006 met een onheilstijding. Volgens Putnam gaat etnische en culturele diversiteit ten koste van het onderlinge vertrouwen in een samenleving en bedreigt migratie op die manier de sociale cohesie. Onderzoek heeft uitgewezen dat in gebieden waar mensen van verschillende nationaliteiten bij elkaar wonen, mensen wantrouwender ten opzichte van elkaar zijn. Niet alleen ten opzichte van degenen met een andere huidskleur, maar ze zijn ook argwanender ten opzichte van hun eigen volk. Het laatste restje van de multiculturele droom lijkt hiermee in rook op te gaan.

Putnam meet het vertrouwen in een gemeenschap af aan de frequentie waarmee buren onderling kopjes suiker uitwisselen. Ik woon al meer dan acht jaar in New York, en ik heb nog nooit een kopje suiker bij de buren geleend. Ook heb ik ze nooit gevraagd een postpakketje in ontvangst te nemen, terwijl ik dat weleens heb gevraagd aan mijn buren in Amsterdam.

Betekent dat nou dat ik mijn buren in New York minder vertrouw dan mijn buren in Amsterdam? Dat geloof ik niet. Alleen, in New York bevindt zich op minder dan honderd meter van mijn huis een deli die 24 uur per dag, zeven dagen per week open is, en waar je niet alleen alles wat eetbaar is, maar ook alle denkbare huishoudelijke artikelen kunt kopen. Dus als de suiker op is, of de melk zuur, dan ren ik even naar de winkel om de hoek om nieuwe te kopen. De Egyptenaar achter de toonbank vraagt me telkens of ik met hem wil trouwen. Dat wil ik niet, maar met argwaan heeft dat weinig van doen. Mijn poststukken worden hier in ontvangst genomen door de portiers in het flatgebouw waar ik woon. Als ik langere tijd op reis ben geweest, onthalen ze me als een verloren gewaande dochter.

En dan heb ik het nog niet eens gehad over de Aziatische vrouwen in de buurt die nagels manicuren.

Een andere maatstaf voor maatschappelijk vertrouwen is de algemene attitude ten aanzien van sociale zekerheid. Onderzoek dat is uitgevoerd in België, waar het Vlaams Belang bij de verkiezingen in oktober 2006 in Antwerpen weliswaar verloor maar in Vlaanderen als geheel flink won, laat zien dat een overgrote meerderheid van de Belgen het eens is met de stelling dat gastarbeiders hier komen om te profiteren van onze sociale zekerheid. De stelling dat gastarbeiders bijdragen aan de welvaart van het land kan in België daarentegen nauwelijks op instemming rekenen.

In de Verenigde Staten is het precies andersom. Hoewel de muur op de grens met Mexico, bedoeld om de stroom illegale werkers uit het buurland in te dammen, er toch echt lijkt te komen, blijven de meeste Amerikanen van mening dat migranten een positieve bijdrage leveren aan de economie.

Over gebruik en misbruik van sociale voorzieningen maakt men zich daar überhaupt niet veel zorgen meer sinds de wet Personal Responsibility and Work Opportunity in 1996 van kracht is geworden. Die wet is toentertijd door president Clinton ingevoerd, omdat de bestaande uitkeringsregelingen de armoede verergerden in plaats van verminderden.

Royale sociale voorzieningen werken als een fuik voor migranten. Niet alleen nemen uitkeringen de prikkel weg om werk te zoeken, ook houden ze de belastingen en premies op arbeid, en daarmee de loonkosten, onnodig hoog. Daardoor zijn veel vormen van persoonlijke dienstverlening in West-Europa verdwenen. En dat zijn nou juist de banen waarin migranten in de Verenigde Staten zo goed gedijen, en die hen in staat stellen om een bestaan voor zichzelf en een toekomst hun kinderen op te bouwen. Migratie en een uitgebreid stelsel van sociale voorzieningen gaan niet goed samen. Een multiculturele samenleving vraagt immers óók om het accepteren van inkomensverschillen.

Robert Putnam slaat een samenleving waarin buren kopjes suiker van elkaar lenen en andere karweitjes voor elkaar opknappen hoger aan dan een servicemaatschappij waar producten en diensten worden ingekocht van een derde. Maar betekent dat niet dat we de primitieve ruileconomie in ere moeten herstellen? En dat je in dat geval alleen nog zaken doet als er sprake is van *coincidence of wants*.

Putnam heeft gelijk dat de kans daarop groter is naarmate de groep homogener is en de smaken onderling minder verschillen. De kring waarin je je nog kunt bewegen wordt zo vanzelf kleiner. Je kunt immers niet langer aan de ene kant van de wereld je geld verdienen met consulting, en het aan de andere kant van de wereld, bijvoorbeeld in New York, uitgeven aan een paar schoenen.

New York is verre van volmaakt. Etniciteit, ras en sociale klasse zijn hier nog steeds nauw met elkaar verweven. Ik heb het altijd pijnlijk gevonden om pikzwarte *nannies* met spierwitte kindjes in de Bugaboo rond te zien lopen. Maar zoals een Afro-Caraïbische vriend van mij opmerkte, maken die kinderen tenminste zwarte mensen van dichtbij mee. Blanke Amerikanen die opgroeiden in het zuiden van de Verenigde Staten, en die van jongs af aan gewend waren om in huis zwarte bedienden om zich heen te hebben, konden later op de universiteit vaak makkelijker omgaan met zwarte studiegenoten dan studenten uit het overwegend blanke noorden.

Als wij thuis vroeger een Marokkaanse of Turkse poetsvrouw hadden gehad in plaats van een Nederlandse, had het wellicht niet dertig jaar geduurd voordat ik voor het eerst een Turks-Nederlandse vriendin kreeg. Ik heb haar nota bene in New York leren kennen.

Colourful People

Als ik in Amsterdam ben wil het maar niet tot me doordringen dat zo'n beetje de helft van de inwoners van allochtone komaf is. Zelfs op het Boekenbal van 2007, dat met Geert Maks ode aan de Galatabrug in Istanboel nota bene in het teken stond van Turkije, was, buiten de buikdansmevrouw en een handvol gelauwerde mediterrane schrijvers, vrijwel geen allochtoon te bekennen.

De Turkse lekkernijen in de zaal boven werden, als ik het goed zag, door een Griek bereid. Achter de talrijke tapkasten stond vooral blond, blozend en o zo Hollands personeel.

Ook op de Amsterdamse terrassen zie je vrijwel uitsluitend witte gezichten. Of het nu lente of zomer is. Afgezien van wat buitenlandse toeristen worden de tafels voornamelijk bezet door autochtonen. Het personeel in etablissementen als De Jaren en De IJsbreker vormt het spiegelbeeld van de clientèle, hooguit ietwat jonger uitgevallen. Blank en hoogopgeleid, zullen we maar zeggen.

Wat een verschil met New York. Tijdens een avondje uit in het populaire Meatpacking District leer je niet alleen alles over de nieuwste modetrends maar leer je minstens zoveel over de laatste migratiegolven. In café-restaurant Pastis zijn de waterschenkers en bordendragers overwegend Latino's en Aziaten. Zij zijn er 'het laatst' bij gekomen. Onder de obers tref je relatief veel Europeanen. Amerikanen associëren ons gelukkig nog altijd met lekker eten.

De gastvrouwen en gastheren – dat zijn degenen die je bij de deur opvangen en je minstens drie kwartier laten wachten alvorens ze je naar je tafel brengen – vormen altijd een aanstekelijke culturele mix van alle mogelijke kleurschakeringen. Ze moeten immers blikvangers zijn, en daar slagen mensen met een exotische achtergrond vaak beter in dan de eerste de beste Amerikaan.

Het publiek bij Pastis is ook een plezierige mengeling van huidskleuren, hoewel wit wel de boventoon voert. De energie die je voelt in Pastis, voel je op heel veel andere plekken in de stad net zo. Door deze variëteit en vitaliteit heeft de stad na de aanslagen van 11 september een miraculeuze comeback gemaakt. New York werkt als een magneet, en trekt net zo gemakkelijk *corporate headquarters* als kunstenaars aan.

Melek Usta is directeur van Colourful People, het grootste wervings- en selectiebureau van Nederland dat gespecialiseerd is in diversiteit. Usta is in 2006 uitgeroepen tot zwarte zakenvrouw van het jaar. Dat is op zich een misleidende term want Usta's teint is licht caramel, nogal jaloersmakend zo aan het begin van het blotebenenseizoen. Moeiteloos somt Usta de voordelen van diversiteit in het personeelsbeleid voor me op.

Usta is vooral tevreden omdat ze merkt dat steeds meer bedrijven in Nederland zelf ook inzien dat diversiteit iets toevoegt aan hun bedrijf. 'Ze zien dat door de confrontatie van al die verschillen iets moois kan ontstaan. Laatst sprak ik een manager die het vergeleek met een orkest. Alleen maar blazers of violen in het Concertgebouworkest is erg saai. De kracht zit juist in het samenspel van al die verschillende instrumenten. Dan krijg je de mooiste concerten.'

'Voor steeds meer bedrijven is duidelijk dat als je klanten veranderen, je als bedrijf daarin moet meegaan. Denk je dat je als bedrijf in Rotterdam of Amsterdam succesvol kunt opereren met alleen maar autochtone medewerkers als het klantenpotentieel voor meer dan 40 procent uit allochtonen bestaat? Bovendien, als je blijft putten uit het reservoir van blanke mannen, vind je die dan nog wel?' Usta ziet in Nederland een concurrentiestrijd tussen bedrijven op gang komen om de toptalenten uit die doelgroepen aan zich te binden.

In de Verenigde Staten zijn ondernemingen en hun HR-afdelingen allang overtuigd van het belang van diversiteit. De meeste bedrijven hebben er speciaal een diversiteitsmanager voor aangesteld. Ondernemingen met een diverser personeelsbestand hebben een uitgebreider klantenbestand, een groter marktaandeel en zijn winstgevender, zo blijkt uit onderzoek. Het gevonden verband tussen diversiteit en bedrijfsresultaat is lineair: naarmate de diversiteit in een onderneming toeneemt stijgen de genoemde bedrijfsindicatoren in dezelfde mate.

Toen in 2003 een witte student het Amerikaanse Hooggerechtshof vroeg om uit te spreken dat positieve-actieprogramma's ten behoeve van ondervertegenwoordigde groepen in strijd zijn met het gelijkheidsbeginsel in de Amerikaanse Grondwet, riepen meer dan zestig Amerikaanse bedrijven het hof op om deze programma's in stand te laten. In een gezamenlijke petitie betoogden de bedrijven – onder aanvoering van General Motors – dat de vaardigheden die nodig zijn in de huidige wereldwijde marktplaats alleen kunnen worden ontwikkeld door blootstelling aan een grote variëteit van mensen.

In Nederland is nog niet íedereen zo ver. 'Jong, blank talent wordt naar binnen gesleurd', zo kopte het *Financieele Dagblad* boven een verslag van de Nationale Carrièrebeurs die in juni 2007 werd gehouden in de RAI in Amsterdam. Volgens hoogleraar arbeidseconomie Joop Schippers zijn blanke jongeren (jongens?) nog altijd het meest gewenst. Dan volgen vrouwen, gevolgd door – ex aequo – allochtonen en gedeeltelijk arbeidsongeschikten.

Wat de boer niet kent...

De PvdA-spagaat

Onder de titel *Verloren Slag* heeft de Wiardi Beckman Stichting, het wetenschappelijk bureau van de PvdA, in het voorjaar van 2007 een bundel uitgebracht met scherpe analyses van de verkiezingsnederlaag in november 2006. Volgens de redacteuren Frans Becker en René Cuperus, beiden werkzaam bij de wbs, is de electorale positie van de PvdA instabiel en kwetsbaar geworden.

Dat heeft meer oorzaken dan een slechte verkiezingscampagne. De partij wordt volgens Becker en Cuperus uiteengereten door een dubbele spagaat: tussen de hang naar traditie en de zucht tot vernieuwing én tussen links en het midden. Niet dat je van die tweestrijd in het verkiezingsprogramma veel terug zag. Dat bediende immers vooral het traditioneel-linkse deel van de achterban.

In *De Wouter Tapes*, die de vpro vlak voor het uitkomen van de wbs-uitgave uitzond, zagen we partijleider Bos in eenzelfde spagaat. In de eerste aflevering werd meteen duidelijk hoe weinig Wouter op heeft met het buitenland. Hij noemt het bouwen aan een internationaal netwerk 'verschrikkelijk'. Dat mag opmerkelijk worden genoemd voor iemand die als expat achtereenvolgens in Roemenië, Hongkong en Londen heeft gewerkt.

Een uitzondering maakte hij voor de club Policy Network van Tony Blair, want daar zijn tenminste discussies van 'hoog niveau'. Bos wordt er verwelkomd als de 'meest originele en uitgesproken intellectuele leider van Europa'. Wouter neemt de lovende woorden van Peter Mandelson charmant in ontvangst, om zich vervolgens hardop af te vragen waar het verschil in perceptie in binnen- en buitenland toch vandaan komt.

Internationaal wordt hij gezien als een grote belofte die veel aan vernieuwing heeft gedaan, terwijl Wouter zich in eigen land steeds moet verdedigen tegen kritiek dat hij nergens een mening over heeft, en dat hij te kleurloos is. Mij verbaast dat echter helemaal niet. In een vraaggesprek met Roger Cohen dat is afgedrukt in de *International Herald Tribune* van 18 oktober 2005 spreekt Bos duidelijke taal.

'In Nederland,' zo zegt hij, 'hebben allochtonen een veel grotere kans dan autochtonen om laagopgeleid, werkloos of ziek te zijn, of om een strafblad te hebben. Als we daar niets aan doen, dan zal de belastingbetalende autochtone middenklasse zich gaan afvragen: Betaal ik nou belasting voor mezelf of betaal ik belasting voor *hun*?'

Zijn analyse is helder. Nu de maatregelen nog. Volgens het PvdA-verkiezingsprogramma diende een deel van de hervormingen in de sociale zekerheid te worden teruggedraaid, moest de aanrechtsubsidie in stand blijven en mocht er niet worden getornd aan de WW. Bijstandsmoeders met kinderen jonger dan vijf jaar werden in het regeerakkoord vrijgesteld van de sollicitatieplicht. Kortom, met dit soort uitkeringssocialisme werkt Bos de door hem gesignaleerde sociale tweedeling juist in de hand.

De arbeidsmarkt is de enige plek waar mensen uit verschillende sociale milieus en van verschillende etnische achtergronden elkaar tegenkomen. Daarvoor is dan wel nodig dat meer dan nu aan arbeidsdeling wordt gedaan, anders komen laagopgeleiden nog steeds niet aan bod. Gediplomeerd verpleegkundigen moeten naast het aanleggen van infusen niet tevens de nachtkastjes van patiënten gaan schrobben, om maar een voorbeeld te noemen.

Bovendien, is er iemand die gelooft dat de Tilburgse imam Ahmed Salam zijn geloofsgenoten zou hebben opgeroepen om zich af te keren van de Nederlandse samenleving als die het risico zouden lopen om hun uitkering te verliezen? De Marokkaanse economie is voor 19 procent afhankelijk van de financiële steun van Marokkanen die elders wonen (volgens de officiële cijfers van de Marokkaanse overheid gaat het om iets meer dan 10 procent).

Volgens Becker en Cuperus tekent zich ook nog een ander electoraal breukvlak af, namelijk dat tussen hoog- en laagopgeleiden, tussen de winnaars en de verliezers van de modernisering, tussen toekomstoptimisten en -pessimisten. Dit werd volgens de auteurs duidelijk bij het referendum over de Europese Grondwet, waar die laatste groep een luid en duidelijk 'nee' liet horen.

Ook hier koos de PvdA in het verkiezingsprogramma onverkort de kant van de pessimisten. Europa moest niet beter maar Europa moest vooral anders, en liefst ook meteen een onsje minder. Maar juist als je pessimistisch bent over de toekomst en als je denkt dat je als verliezer uit het globaliseringproces tevoorschijn zult komen, zou je voorstander moeten zijn van een sterke Europese Unie.

Alleen op Europees niveau kan immers iets worden uitgericht tegen de oneerlijke concurrentie door China, tegen de toenemende macht van de hedgefondsen en tegen het broeikaseffect, om een paar actuele onderwerpen te noemen. Door je van Europa af te wenden houd je de globalisering, de hedgefondsen en de milieuvervuiling niet tegen. Je verspeelt alleen wel je positie op het wereldschaakbord, en daarmee je laatste kans om nog enige invloed op de gang van zaken uit te oefenen.

Tot slot waarschuwen Becker en Cuperus in hun bijdrage aan *Verloren Slag* voor het rücksichtslos hanteren van een om-en-om-systeem van man/vrouw op de kandidatenlijst voor de Tweede en Eerste Kamer als daar geen goed systeem van scouting, rekrutering en training aan ten grondslag ligt. Ze spreken in dit verband van zelfdestructief feminisme.

Maar laten we wel wezen. Als het feminisme in de jaren zeventig in Nederland beter was beklijfd, en Nederlandse vrouwen destijds op een betekenisvolle manier aan het werk waren gegaan zoals in Scandinavië is gebeurd, waren er veel minder gastarbeiders uit Marokko en Turkije naar Nederland gekomen. Ongetwijfeld zou in dat geval zowel het integratievraagstuk als het politieke landschap een stuk overzichtelijker zijn geweest dan nu het geval is.

De ethicus en het ontslagrecht

'The Ethicist' is een rubriek in *New York Times Magazine* die ik iedere zondag met veel plezier lees. Daarin behandelt schrijver en humorist Randy Cohen elke week twee lezersvragen over hoe in alledaagse situaties goed en kwaad van elkaar te onderscheiden. Eind juni 2007 was er een vraag van een lezeres uit Brooklyn over haar *nanny* die haar kort daarvoor had verteld dat ze medicatie nam tegen manische depressie. Het is in Amerika verboden om iemand te ontslaan wegens een handicap. De brievenschrijfster voelde zich bovendien extra bezwaard omdat de nanny een jonge Haïtiaanse zonder verblijfsstatus is. Moest ze de nanny niettemin ontslaan om haar kinderen te beschermen?

Volgens de ethicus zou het strijdig zijn met de letter en geest van de *Americans with Disabilities Act* om de nanny te ontslaan. Zolang er geen tekenen zijn dat de nanny haar medicatie niet meer slikt, is er ook geen reden haar te ontslaan. Bovendien, zo voegt hij eraan toe – en hier wordt het interessant voor de Nederlandse discussie over het ontslagrecht – beperkt de status van de nanny als illegale immigrant haar kansen om snel een nieuwe betrekking te vinden. Volgens de ethicus heeft de brievenschrijfster om die reden een extra morele verantwoordelijkheid om de nanny in dienst te houden. Vanuit een oogpunt van ethiek heeft een werkgever dus een extra zorgplicht ten aanzien van werknemers die kwetsbaar zijn op de arbeidsmarkt.

In Nederland wordt met het ontslagrecht op dit moment precies het tegenovergestelde effect bereikt. Mensen met een laag inkomen en een lage opleiding hebben veel minder kans om met een ontslagvergoeding naar huis te worden gestuurd dan mensen met een hoog inkomen en een hoge opleiding. Reguliere banen kennen een relatief hoge ontslagbescherming terwijl voor tijdelijke banen (flexwerk en uitzendcontracten) de ontslagbescherming juist gering is. Deze tijdelijke banen worden vooral gedaan door laagopgeleiden en allochtonen. De echte veelverdieners (met een jaarsalaris dat hoger is dan dat van onze minister-president) laten veelal in hun arbeidsovereenkomst een afkoopsom van meer dan een jaarsalaris vastleggen voor het geval ze worden ontslagen.

In het huidige systeem worden diegenen het beste beschermd die het minst bescherming behoeven. De kassajongen met een tijdelijk contract moet op zondag werken, zodat tweeverdieners met een vast contract op die dag hun boodschappen kunnen doen. Juist van de mensen die zich flexibel en ondernemend zouden moeten opstellen, wordt dat in Nederland niet gevraagd. Het Centraal Planbureau waarschuwde niet voor niets twee jaar geleden al voor een tweedeling op de arbeidsmarkt, waarbij werknemers met een vast contract een hoog loon kunnen afdwingen ten koste van de flexibele werknemers.

Volgens uitgelekte kabinetsplannen (die inmiddels achterhaald zijn) was het kabinet voornemens de ontslagvergoeding te beperken tot hooguit één jaarsalaris, met een maximum van 75.000 euro voor werknemers onder 45 jaar en een maximum van 100.000 euro voor oudere werknemers. Of het kabinet ook de afkoopsommen van veelverdieners zou aanpakken, was onduidelijk. Daarnaast wilde het kabinet, althans volgens de berichten daarover in de media, dat onder de nieuwe regeling flexwerkers eveneens aanspraak konden maken op een ontslagvergoeding. De ethicus van *New York Times Magazine* zou tevreden zijn. Een kwetsbare groep werknemers zou voortaan beter worden beschermd onder het ontslagrecht.

Maar waren de plannen van het kabinet ook echt zo goed? Flexwerkers zouden, als de kabinetsplannen werkelijkheid waren geworden, duurdere en dus minder aantrekkelijke arbeidskrachten zijn geworden. Dat betekent dat de arbeidsmarktperspectieven van deze toch al kwetsbare groep waarschijnlijk nog verder onder druk waren komen te staan. In plaats van aan de bovenkant een klein beetje bescherming weg te halen en aan de onderkant er een klein beetje bescherming bij te doen, kan het kabinet de tweedeling op de arbeidsmarkt beter tegengaan door de ontslagbescherming van hoogopgeleide en goedbetaalde arbeidskrachten rigoureuzer in te perken dan nu het geval is.

De econoom Mathijs Bouman stelt in zijn boek *Hollandse overmoed* (2006) voor om voor werknemers met een jaarinkomen van 40.000 euro en hoger de ontslagbescherming helemaal af te schaffen. Deze 'club van veertig mille' moet volgens Bouman een stuk ondernemender worden. Zonder ontslagbescherming zullen werknemers vaker van baan veranderen of zelf een bedrijf starten. Als gevolg van de toegenomen arbeidsmobiliteit zullen de beste werknemers vaker en sneller bij het bedrijf terechtkomen dat het hoogste rendement uit hun talent weet te halen. Uit onderzoek van de Federal Reserve Board, het Amerikaanse stelsel van centrale banken, uitgevoerd in Silicon Valley, blijkt dat job-hopping inderdaad snelle verplaatsing van arbeid naar bedrijven met de beste innovaties mogelijk maakt.

Ik ben het met Bouman eens. Bij hogeropgeleiden (veertig mille en meer) smoort het huidige ontslagrecht de innovatiedrang en de ondernemingszin. Bij lageropgeleiden zal extra ontslagbescherming leiden tot een verslechtering van de arbeidsmarktperspectieven. Als de ontslagbescherming voor de club van veertig mille wordt afgeschaft zal de arbeidsmobiliteit van deze groep werknemers toenemen. Beterbetaalden kunnen dan niet langer de geëiste flexibiliteit afwentelen op de slechterbetaalden, zoals nu gebeurt. Er is geen sprake meer van een tweedeling in de arbeidsmarkt. Voor zover er misstanden zijn op de arbeidsmarkt waardoor bepaalde groepen, zoals ouderen en allochtonen, minder kansen hebben, verdient het aanbeveling die misstanden aan te pakken door middel van specifiek beleid in plaats van ontslagbescherming als panacee aan te bieden. Niet de ethicus geeft het juiste antwoord. De economen hebben gelijk.

Banen die migranten kansen bieden

Het voltallige kabinet besteedde in de eerste maanden van 2008 veel tijd en energie aan de première van de Koranfilm van Geert Wilders. Volgens de premier zou de film voor een forse crisissituatie zorgen. Al die tijd en energie hadden echter beter gebruikt kunnen worden om concreet iets te doen aan het gevoel van onbehagen over immigratie en integratie, waarvan de film van Wilders slechts een extreme uitingsvorm is.

Volgens voormalig minister Vogelaar (PvdA) blijft de segregatie in Nederland toenemen. Het migratie- en integratiedebat wordt ondertussen gegijzeld door de aandacht voor allerlei symbolische kwesties, zoals Godfried Engbersen, hoogleraar sociologie aan de Erasmus Universiteit, op 15 december 2007 op de opiniepagina's van NRC Handelsblad schreef. Er is te weinig aandacht voor de economische betekenis en noodzaak van migratie, aldus Engbersen.

Daaraan moet worden toegevoegd dat de falende integratie in dit land in de eerste plaats een economische oorzaak heeft. Economische migratie wordt immers gerechtvaardigd door de bijdrage die de nieuwkomers aan de economie van het land van aankomst leveren.

Wie het multiculturele drama wil doorgronden hoeft alleen maar te kijken naar de lage participatiegraad en de hoge uitkeringsafhankelijkheid onder Turken en Marokkanen in Nederland. Onder Marokkaanse mannen is die afhankelijkheid viermaal zo groot als die van autochtone mannen. Voor Turkse en Marokkaanse vrouwen zijn de cijfers nog veel slechter. (Zie voor die cijfers 'Vita Activa', pag. 15.) Opvallend is voorts dat veel van die vrouwen hun uitkering krijgen op grond van arbeidsongeschikt-heid. En dat is maar ten dele te verklaren door algemene achter-grondkenmerken, zoals een laag opleidingsniveau en een slechte gezondheidssituatie, die samengaan met een grotere kans op ar-beidsongeschiktheid. Psychische klachten vormen een belangrij-kere reden voor afkeuring – klachten die voortkomen uit het gege-ven dat ze de Nederlandse taal niet spreken en hun weg in de samenleving niet kunnen vinden. Erg genoeg, maar even erg is het dat het voldoende aanleiding is om arbeidsongeschikt verklaard te worden en in aanmerking te komen voor een uitkering. De gevol-gen zijn navenant. Omdat Nederland zo royaal is met uitkeringen kunnen Turkse en Marokkaanse meisjes en vrouwen door hun mannen thuis worden opgesloten. Zo was er een Marokkaanse man in Gorinchem, die de ramen van zijn huis geheel bedekt had met kranten, zodat zijn vrouw niet naar buiten kon kijken, en de buitenwereld niet naar binnen. De kranten vergeelden. Met die vrouw is het nooit meer goed gekomen, aldus Hafid Bouazza (bron: *Fokke & Sukke kunnen het niet alleen*, p. 43, 2008).

Een betaalde baan als waterschenker, schoenenpoetser of liftbe-diende zou minder mensonterend zijn geweest, denk ík dan.

Enkele brievenschrijfsters spraken schande van mijn pleidooi in de Pietje Bell-lezing (november 2007) om de verzorgingsstaat om te vormen naar een kansenmaatschappij naar New Yorks model. (Zie 'Vita Activa'.) Mijn betoog zou elitair zijn en oppervlakkig. Maar met de Marokkaanse vrouw uit Gorinchem zou het onge-twijfeld beter zijn afgelopen als zij in plaats van opgesloten te zijn in huis, betaald werk buitenshuis zou hebben gehad, bijvoorbeeld in een nagelstudio.

Het is juist dit type banen dat migranten – veelal afkomstig uit veel armere streken van de wereld – een kans biedt zich een plaats in de samenleving te verwerven en de taal van het land van aan-komst te leren. Ze sparen wat geld en beginnen vaak na een aantal jaren voor zichzelf. Zelfstandig ondernemerschap is een belangrijke motor voor opwaartse sociale mobiliteit van migranten in de Verenigde Staten. De Marokkaanse vrouw in Gorinchem heeft nooit Nederlands geleerd, alle kranten die haar man op de ramen plakte ten spijt.

Circa 20 procent van de inwoners van New York leeft in armoede. Hoewel dit percentage door de jaren heen nauwelijks is gewijzigd, verandert de samenstelling van de groep aan de onderkant wel degelijk en is er een aanzienlijke mate van in- en uitstroom. De instroom betreft vooral nieuwe groepen migranten die hun geluk komen beproeven in Amerika. De uitstroom betreft diegenen die succesvol de eerste treden op de sociale ladder hebben beklommen.

Mike Bloomberg, de burgemeester van New York, prees in zijn jaarrede van 2007 de verdiensten van de migranten in de stad. 'Zij zijn het die Amerika groot maken,' zei hij, wijzend op migrantenfamilies in de zaal. 'Dit is New York. Dit is vrijheid. Dit is barmhartigheid en democratie en kans.'

Holland aan de Hudson

President Obama gaf zijn eerste buitenlandse interview aan de Arabische nieuwszender Al Arabiya. Zijn boodschap voor de Arabische wereld en moslimwereld was dat de Verenigde Staten klaar zijn om een 'nieuw partnerschap aan te gaan gebaseerd op wederzijds respect en wederzijdse belangen'. Obama voegde eraan toe dat 'ongeacht geloof – en Amerika is een land van moslims, joden, christenen, niet-gelovigen – koesteren we allemaal gedeelde verlangens en dromen'.

De Amerikaanse president heeft in zekere zin makkelijk praten: voor de Verenigde Staten is moslimradicalisme een visumprobleem terwijl het voor veel West-Europese landen, waaronder Nederland, een probleem van staatsburgers is. Mohammed B. is een geboren en getogen Nederlander. Niettemin zou je willen dat de politici in Nederland die zo dwepen met Barack Obama dezelfde toon zouden aanslaan in het islamdebat.

Het moslimvraagstuk in Nederland is in de eerste plaats een integratievraagstuk. In het debat daarover zou het gedeelde verlangen om een betere toekomst op te bouwen centraal moeten staan. Het tegendeel is het geval, zo blijkt maar weer eens uit de integratieresolutie *Verdeeld verleden, gedeelde toekomst* waarmee het partijbestuur van de PvdA onlangs naar buiten kwam. Het is een litanie van geboden en verboden over boerka's, eerwraak en handen schudden die vooral bedoeld lijkt te zijn om de achterban van Geert Wilders gerust te stellen: de Nederlandse identiteit is ook bij de PvdA veilig!

De ondertitel van de resolutie, *Ons Nederland*, past goed in de huidige tijdgeest waarin protectionisme, patriottisme en nationalisme hoogtij vieren. Zo heeft het Amerikaanse Huis van Afgevaardigden een 'Buy American'-clausule laten opnemen in het stimuleringsplan voor de economie, propageert de Britse premier Gordon Brown 'Britse banen voor Britse werknemers' en rehabiliteert paus Benedictus XVI een bisschop die de Holocaust ontkent.

Het kan ook anders. Vorige week werd hier in New York het Hudson-jaar ingeluid waarmee Nederland en New York hun 400-jarige vriendschapsband en 'gedeelde waarden van vrijheid, openheid, koopmanschap en tolerantie' vieren. Het is onvoorstelbaar dat de PvdA, die bij de openingsceremonie was vertegenwoordigd in de persoon van burgemeester Cohen en staatssecretaris Timmermans, niet een voorbeeld neemt aan New York. Burgemeester Bloomberg prees vorig jaar in zijn *State of the City* uitbundig de verdiensten van migranten voor de stad New York. Hoeveel Albert Heijns en Blokkers zouden in Amsterdam open kunnen blijven als er geen migranten waren om de kassa's te bedienen en de schappen te vullen?

Dat laat onverlet dat niet-westerse migranten onder de 65 in Nederland ruim drie keer zo vaak een uitkering ontvangen als autochtonen in diezelfde leeftijdscategorie (cijfers 2005). Van de migranten met een Turkse of Marokkaanse achtergrond in de arbeidsgerechtigde leeftijd heeft slechts de helft een betaalde baan. Het gros van de migranten is op economische gronden naar Nederland gekomen (als gastarbeider, importbruid(egom) of door gezinshereniging). Voor hen moet, net als voor andere Nederlanders overigens, economische zelfstandigheid het uitgangspunt zijn. Als Nederland mensen uit armere streken van de wereld wil helpen dan gebeurt dat via de begroting van Ontwikkelingssamenwerking en niet met het budget van de sociale dienst.

De PvdA erkent in de integratieresolutie dat werk een belangrijke motor is voor integratie. Desondanks komt de partij niet met een oplossing voor het structurele overschot aan laagopgeleiden waar Nederland mee kampt. In plaats daarvan lezen we in de integratieresolutie over rechten en plichten, waar rechten kennelijk staat voor het recht op een uitkering en plichten voor de plicht om een inburgeringscursus te volgen en de Nederlandse taal te leren.

Maar de inburgeringscursussen zijn een bureaucratische nachtmerrie gebleken. Voor migranten die analfabeet zijn in hun moedertaal is het vrijwel onmogelijk om via een cursus in het buurthuis Nederlands te leren. Uit onderzoek in de Verenigde Staten blijkt dat deze groep meer geholpen is met een baan, bijvoorbeeld in de persoonlijke dienstverlening. Dergelijke banen kunnen worden gecreëerd door de arbeidskosten op minimumloonniveau (die 15 tot 20 euro per uur bedragen) te verlagen tot 5 euro per uur (waarbij bruto gelijk is aan netto).

Met 5 euro netto per uur verdien je – bij een fulltime werkweek – het sociaal minimum voor een alleenstaande (dat 70 procent van het gewone sociaal minimum bedraagt). Wanneer in een paarhuishouden beide volwassenen fulltime werken, verdienen zij samen in ieder geval 140 procent van het sociaal minimum.

Ingeval de PvdA zich zorgen maakt over een onderklasse van 'working poor' (ik heb nooit begrepen waarom dat een groter probleem is dan een onderklasse van arme uitkeringstrekkers) dan zou de partij een Earned Income Tax Credit kunnen voorstellen, zoals die ook in de VS bestaat, waardoor iemand netto meer geld overhoudt dan hij bruto verdient. Het valt niet uit te leggen dat de PvdA, die in de integratieresolutie het woord 'emancipatie' maar liefst 25 keer bezigt, krampachtig vasthoudt aan een minimumloon dat is gebaseerd op het kostwinnersbeginsel en daardoor ruim 40 procent te hoog ligt.

Zoals het partijbestuur van de PvdA zelf in de integratieresolutie schrijft: 'Werk emancipeert, stelt in staat tot solidariteit, vermindert afhankelijkheid. Mensen moeten werken, want alleen zo ontwikkelen we onze samenleving, onze individuele talenten, zelfrespect en economische onafhankelijkheid.'

Waarvan akte.

Learning on the job

In het voorjaar van 2008 werden maar liefst twee interessante voorstellen gelanceerd voor herziening van de sociale zekerheid. Het ministerie van Sociale Zaken liet plannen uitlekken van minister Donner om de arbeidsongeschiktheidsregeling voor jonggehandicapten (Wajong) te hervormen. Een paar dagen later presenteerde de PvdA-fractie in de Tweede Kamer haar plan voor een geharmoniseerde voorziening voor werk en inkomen die door gemeenten moet worden uitgevoerd. De gemeenten zijn nu al heel succesvol bij de uitvoering van de Wet Werk en Bijstand.

Als je de plannen van Donner en de PvdA-fractie combineert, krijg je een stelselherziening die Bill Clintons hervorming van het Amerikaanse sociale zekerheidsstelsel evenaart. In 1996 nam het Amerikaanse Congres de Personal Responsibility and Work Opportunity Reconciliation Act (PRWORA) aan die alom als baanbrekend werd gezien. De wet moest zorgen voor een herwaardering van de arbeidsmoraal. Volgens Rebecca Blank, hoogleraar economie aan de University of Michigan en gespecialiseerd in armoedebeleid, heeft de stelselwijziging die belofte ruimschoots waargemaakt.

Onder de PRWORA kregen de staten veel meer ruimte om hun eigen voorwaarden te stellen voor het geven van financiële bijstand. Ook kregen de staten een financiële prikkel om het aantal uitkeringsgerechtigden te beperken. Per 2002 moesten de staten volgens de PRWORA de helft van de uitkeringsontvangers in een werkprogramma hebben ondergebracht. De totale uitkeringsduur werd beperkt tot maximaal 60 maanden van een heel arbeidsleven (staten kunnen op basis van eigen wetgeving daarvan naar boven afwijken) en voor migranten verviel het recht op een uitkering gedurende de eerste vijf jaar van hun (legale) verblijf in Amerika.

Sinds de invoering van de PRWORA hebben de staten de opzet van de kantoren waar bijstand wordt verstrekt volledig veranderd. Wie er nu binnenstapt wordt meteen aangemoedigd om betaald werk te gaan zoeken, onder meer door ervoor te zorgen dat wie gaat werken daar zelf meer geld aan overhoudt dan voorheen.

Vóór de invoering van PRWORA werd ruim driekwart van het bijstandsbudget verstrekt in de vorm van *cash hand-outs*. Tegenwoordig wordt minder dan de helft (44 procent) van het geld dat de staten beschikbaar hebben voor de PRWORA verstrekt in de vorm van cash hand-outs en de rest in de vorm van niet-financiële ondersteuning.

De stelselherziening heeft spectaculaire gevolgen gehad. Het aantal bijstandsontvangers is dramatisch gedaald en bedroeg eind 2001 nog slechts 42 procent van het aantal bijstandsontvangers in 1994. Tijdens de economische recessie die zich aan het begin van het nieuwe millennium voordeed bleef het aantal uitkeringsontvangers laag. De arbeidsparticipatie van alleenstaande moeders zonder middelbareschooldiploma groeide het hardst, namelijk van 42 procent in 1993 tot 65 percent in 2000. Hoewel de werkgelegenheid onder deze groep vrouwen door de economische neergang in 2002 met een paar procentpunten terugliep, vergeleken met 2000, bleef zij ruimschoots boven het niveau van 1993.

Het inkomen van alleenstaande moeders steeg tussen 1990 en 2002 met gemiddeld 63 procent. Omdat de vrouwen minder bijstand ontvingen nam het totale inkomen per saldo met 29 procent toe. Het percentage alleenstaande moeders dat op of onder de armoedegrens leeft daalde met eenderde. Opvallend genoeg maakten vrouwen uit de kwetsbaarste groepen (dat wil zeggen zonder middelbareschooldiploma en afkomstig uit een etnische minderheidsgroep) na de invoering van PRWORA de grootste sprong voorwaarts.

Bovendien blijkt dat zogenoemde *work-first* programma's – dat wil zeggen dat de vrouwen direct aan het werk werden gezet ongeacht opleiding of salaris – effectiever zijn dan programma's waar de vrouwen eerst een opleiding kregen. Na vijf jaar deden vrouwen die in een work-first programma zaten het nog steeds beter dan de vrouwen die eerst een trainingsprogramma hadden gedaan. Om *human capital* op te bouwen is volgens Rebecca Blank werkervaring voor laagopgeleiden belangrijker dan scholing. In dat licht is het besluit van (inmiddels voormalig) staatssecretaris Aboutaleb (Sociale Zaken) om vrouwen met jonge kinderen in de bijstand vrij te stellen van de sollicitatieplicht extra ongelukkig.

Positief aan de (uitgelekte) Wajong-plannen van Donner is dat hij zich er niet bij neerlegt dat jongeren die slechts gedeeltelijk arbeidsongeschikt zijn, levenslang in een uitkering verdwijnen. Net als onder de PRWORA wil hij financiële prikkels introduceren om deze groep weer aan het werk te krijgen. Positief aan de plannen van de PvdA-fractie is dat ze een geharmoniseerde regeling voor werk en inkomen voorstaat die door gemeenten wordt uitgevoerd, waarin regelingen als de Wajong, de sociale werkvoorziening en de bijstand moeten opgaan. De plannen die Donner heeft voor de Wajong, zullen ongetwijfeld ook effectief zijn om andere uitkeringsgerechtigden aan het werk te helpen.

Wat mij vanuit New York altijd opvalt is hoezeer in Nederland de talenten van mensen onbenut blijven. Alle stelselwijzigingen ten spijt, ontvangen volgens de meest recente cijfers van het Centraal Bureau voor de Statistiek in Nederland ruim 1,6 miljoen mensen tussen de 15 en 65 jaar een uitkering. Dat is bijna een kwart (!) van de totale beroepsbevolking. Volgens de Emancipatienota (2007) is voor 79 procent van de Turkse en Marokkaanse vrouwen de afstand tot de arbeidsmarkt te groot omdat ze de taal onvoldoende beheersen en/of niet in bezit zijn van de benodigde arbeidsmarktkwalificaties. Terwijl de arbeidsmarkt die vrouwen juist de beste kansen biedt om hun talenten te ontwikkelen.

Learning on the job, heet dat.

Luie mannen

Alfred Kleinknecht, hoogleraar economie en innovatie aan de Technische Universiteit Delft, vroeg zich in augustus 2008 in NRC *Handelsblad* af wat er mis mee is als iemand ervoor kiest om 30 uur per week te werken en afziet van een auto, in plaats van 55 uur te werken en in een Ferrari te rijden. Ook Dick Pels, voorzitter van de links-liberale denktank Waterland, bekritiseerde twee maanden eerder op deze pagina het 'overspannen arbeidsethos' van dit kabinet. Iedereen moet de vrijheid hebben om minder te werken, vindt Pels.

Het lijkt zinnig wat de heren te berde brengen. Maar er zijn in Nederland niet veel mensen die met 25 uur extra werken per week 50.000 euro netto meer verdienen, want dat is wat een beetje Ferrari op jaarbasis kost. Het modale inkomen in Nederland bedraagt 19.000 euro netto per jaar – dat is inclusief vakantietoeslag. De werknemer in het voorbeeld van onze gelukseconoom Kleinknecht verdient maar liefst zes keer modaal.

De werkelijkheid is dat de hoge belasting- en premiedruk het gros van de mensen ertoe dwingt om allerhande laagwaardig werk zelf te doen. Van elke 100 euro extra inkomen moet 50 tot 55 euro worden afgedragen aan belasting en premies. Het is voordeliger om een dag vrij te nemen om zelf in de tuin te werken of het plafond te witten, dan om het werk uit te besteden aan een derde, die al gauw 20 euro of meer per uur zal rekenen (de woordvoerster van het CPB opperde dat je het werk ook zwart kunt laten doen). Nederland is – noodgedwongen – een land van doe-het-zelvers. Daarom zien we zoveel hoogopgeleide vrouwen suffig heen en weer pendelen tussen een armetierig deeltijdbaantje en de schoolpoort.

Pels en Kleinknecht zullen zich wel afvragen wat daar eigenlijk mis mee is, heerlijk een dagje onkruid wieden in de eigen tuin. Op zich niets, ware het niet dat Nederland te kampen heeft met een overschot aan laagopgeleiden. Tweederde van de Turkse en Marokkaanse vrouwen tussen 20 en 34 jaar heeft geen onderwijsdiploma en hetzelfde geldt voor 60 procent van de Turkse en Marokkaanse mannen tussen 20 en 34 jaar. Ze spreken vaak niet of nauwelijks Nederlands. Volgens het kabinet is voor 79 procent van de vrouwen met een Turkse of Marokkaanse achtergrond de afstand tot de arbeidsmarkt onoverbrugbaar groot. Ter vergelijking: in New York heeft 65 procent van de migrantenvrouwen een betaalde baan.

Het gaat om mensen in de vruchtbare leeftijd waarvan de meesten óf al kinderen hebben, óf nog kinderen zullen krijgen. Kinderen die thuis in een taalarme omgeving opgroeien hebben al voordat de eerste schooldag begint een taalachterstand op hun autochtone leeftijdsgenootjes. Slechts een enkeling zal erin slagen de taalachterstand in het gesegregeerde Nederlandse onderwijs in te lopen. Volgens het in augustus verschenen rapport *Gestruikeld voor de start* van het Sociaal Cultureel Planbureau heeft het lage opleidingsniveau van de ouders een rechtstreekse invloed op het uitvalrisico van leerlingen. Zo leggen we nu al de basis voor een hele nieuwe generatie kansarmen.

Volgens cijfers van het Centraal Bureau voor de Statistiek ontvangen allochtonen (15-65 jaar) verhoudingsgewijs ruim drie keer zo vaak een uitkering als autochtonen. Voor de grote groepen laagopgeleide migranten in Nederland is het veel beter om een baan te hebben in plaats van een uitkering. Dat blijkt uit wetenschappelijk onderzoek van onder meer Rebecca Blank, hoogleraar economie aan de University of Michigan, maar ik zie het ook om mij heen hier in New York.

In de buurt waar ik woon is de *Forager's Market*. Het is een kleine supermarkt met een keur aan kwaliteitsproducten en een traiteurafdeling. Er is iedere dag een klein dozijn mensen aan het werk, onder wie Miguel. Hij is 24 jaar en werkt hier sinds anderhalf jaar zo'n 40 à 50 uur per week. Van het geld dat hij verdient kan hij geen Ferrari rijden. Hij deelt een woning met vier anderen en stuurt elke maand wat geld naar zijn moeder in Mexico. Het bijzondere is dat je Miguel letterlijk ziet groeien. Vulde hij aanvankelijk alleen de schappen, inmiddels is hij souschef. Zijn Engels, dat hij eerst überhaupt niet sprak, wordt met de dag beter. Over een paar jaar wil hij voor zichzelf beginnen.

De Nederlandse arbeidsmarkt biedt nieuwkomers zulke kansen niet. De totale kosten op minimumloonniveau zijn dusdanig hoog (15 tot 20 euro per uur) dat er vrijwel geen vraag is naar laagproductieve arbeid. Daarom scoort Nederland ook zo hoog op de internationale ranglijst als het gaat om de gemiddelde arbeidsproductiviteit per uur. We hebben eenvoudigweg alle laagproductieve arbeid onmogelijk gemaakt. Terwijl vijf euro per uur volstaat om – met een 40-urige werkweek – het sociaal minimum voor een alleenstaande bij elkaar te verdienen.

De Commissie-Bakker, die het kabinet onlangs adviseerde over arbeidsparticipatie, biedt geen oplossing voor dit vraagstuk. Het rapport schiet in vele opzichten schromelijk tekort. Waarom is het werk dat nu door Polen, Roemenen en Bulgaren wordt gedaan (zoals de Bulgaarse toiletmeneren bij de Shell-stations langs de A2) niet goed genoeg voor onze eigen migranten? Waarom moet mijn zus, die een fulltimecarrière en drie kinderen combineert, in haar 'vrije' tijd naar de school van haar dochter om daar schoon te maken?

Hoezo een ontspannen samenleving? De moorden op Fortuyn en Van Gogh hebben het land op zijn grondvesten doen schudden. Afgaande op de politieke barometer is de verwarring onder burgers nog onverminderd groot. Alfred Kleinknecht zou er beter aan doen op te houden met intellectueel luie stukjes te schrijven waar de valse suggestie van uitgaat dat iedereen in Nederland in een Ferrari zou rondrijden als we niet zo'n grote voorkeur voor vrije tijd zouden hebben.

Global aging

Zonder verplichtingen, maar met een heleboel goede voornemens, werd in juni 2008 de conferentie van de VN-voedselorganisatie FAO over het bestrijden van de voedselcrisis afgesloten. Om het maar niet over politiekgevoelige zaken als landbouwsubsidies en importheffingen te hoeven hebben, bakkeleiden de Verenigde Staten en de Europese Unie vooral over bijzaken. Volgens minister van Ontwikkelingssamenwerking Bert Koenders bewees het feit dat veertig staatshoofden en regeringsleiders naar Rome waren gekomen, echter dat de stijgende voedselprijzen duidelijk op de internationale agenda staan. De vraag is nu alleen nog hoe de kwestie verder wordt opgepakt.

Caroline van Dullemen, directeur van de Nederlandse non-gouvernementele organisatie WorldGranny (www.worldgranny.nl), wees me erop dat hier een uitgelezen kans ligt voor Nederland. Net als westerse landen hebben ontwikkelingslanden te maken met een snel toenemende vergrijzing. Toch speelt vergrijzing in het discours rond globalisering en armoede nauwelijks een rol. Ouderen krijgen zelden prioriteit bij initiatieven gericht op armoedebestrijding en ontwikkeling. Eén op de vijf armste mensen in de wereld – levend van minder dan een dollar per dag – is ouder dan 60 jaar. Dat zijn naar schatting 100 miljoen mensen.

Door de eroderende familieverbanden, als gevolg van urbanisatie, migratie en ziekten als HIV/aids en malaria, kan de oudere generatie voor haar onderhoud tegenwoordig vaak geen beroep meer doen op jongere familieleden. De HIV/aidsepidemie heeft de positie van ouderen bovendien wezenlijk veranderd. Veel grootouders krijgen, als hun kinderen overlijden aan de gevolgen van aids, de verantwoordelijkheid voor de kleinkinderen. Alleen al op het Afrikaanse continent woont de meerderheid van de 12 miljoen weeskinderen bij hun grootouders.

Om die reden behoren ouderen in ontwikkelingslanden, waar geen behoorlijke pensioenvoorziening bestaat, buitenproportioneel vaak tot de allerarmsten. De voedselcrisis laat dit proces als het ware onder een vergrootglas zien. Niet alleen hebben ouderen meer moeite om te overleven, ook de familie heeft minder geld om te zorgen voor de ouders, die wel steeds ouder worden als gevolg van verbeterde gezondheidszorg, voeding en levensomstandigheden. Het is de paradox van ontwikkeling.

Van Dullemen is een van de drijvende krachten achter het Pension and Development Network, een netwerk dat bedoeld is om kennis en ervaring over pensioenen in ontwikkelingslanden uit te wisselen, en waarin onder meer Cordaid, Syntrus Achmea, het ABP en DNB vertegenwoordigd zijn. Een collectieve oudedagsvoorziening doet namelijk meer dan geld in de handen van ouderen stoppen.

Neem bijvoorbeeld Lesotho. Het is een van de armste landen ter wereld. Naar schatting 30 procent van de volwassenen is besmet met HIV/aids. In november 2004 is er een staatspensioen voor 70-plussers ingevoerd. Het pensioengeld wordt elke maand per helikopter naar 16 postkantoren hoog in de bergen gebracht waar zich een lange rij mensen verzamelt die na het innen van hun zakje hun vingerafdruk moeten achterlaten als bewijs. Door de introductie van de pensioenregeling is een vorm van burgerschap gecreëerd, in de zin van *countervailing powers*. De mensen verwachten iets van de overheid en er zijn organisaties gekomen die de overheid controleren. In Lesotho is de overheid aantoonbaar beter en transparanter gaan functioneren, aldus onderzoek uitgevoerd door WorldGranny.

Impactstudies laten zien dat niet alleen de 70-plussers profiteren van het sociale pensioenstelsel in Lesotho, maar ook hun kleinkinderen. Meisjes gaan langer naar school en hoeven op minder jonge leeftijd te gaan werken als hun grootouders pensioen ontvangen. Naarmate vrouwen langer naar school zijn gegaan krijgen ze minder kinderen (tien jaar schoolgaan betekent twee á drie kinderen minder). Geschoolde vrouwen gebruiken veel vaker voorbehoedsmiddelen dan ongeschoolde.

De oudedagsvoorziening lenigt zo niet alleen de nood van de ontvangers, maar beteugelt ook de ongebreidelde bevolkingsgroei en vermindert de kans op verspreiding van HIV/aids.

Bij een collectieve oudedagsvoorziening gaat het er om een schaalvergroting aan te brengen in het risicomanagement. In ontwikkelingslanden ligt het risico volledig bij de ('extended') familie. In zogenoemde *emerging markets* (landen die in transitie zijn) ontstaat meestal de behoefte dat risico te spreiden. De eerste private initiatieven ontstonden in Nederland eind negentiende eeuw. Deze boden echter onvoldoende bescherming, zeker toen na 1945 een groot deel van de bevolking in nood verkeerde. Daarom kwam in 1947 een collectieve basispensioenregeling tot stand, via het noodwetje van Drees.

Inmiddels is de oudedagsvoorziening uitgegroeid tot een drietrapsraket van AOW, pensioenafspraken tussen werkgevers en werknemers en particuliere besparingen. De voormalige Amerikaanse minister van Financiën, Henry Paulson, stelde het Nederlandse financiële toezicht ten voorbeeld aan de hele wereld. Alle aanleiding dus voor Nederland om het initiatief naar zich toe te trekken en de expertise – onder meer verzameld in het Pension and Development Network – ruimhartig aan te bieden aan overheden in ontwikkelings- en transitielanden die overwegen om een pensioenstelsel op te zetten. In Afrika zijn sinds 2006 twaalf landen zich aan het oriënteren op een collectieve oudedagsvoorziening.

Dat laat onverlet dat – om de voedselcrisis het hoofd te bieden – het op de Verenigde Staten en de Europese Unie aankomt om leiderschap te tonen. Volgens secretaris-generaal van de Verenigde

Naties Ban Ki-moon moet de wereldvoedselproductie in 2030 met 50 procent toegenomen zijn. Daarvoor is het noodzakelijk dat jaarlijks 15 tot 20 miljard dollar wordt geïnvesteerd in de landbouw in arme regio's. Dat is een gering bedrag vergeleken met de naar schatting 90 miljard dollar die Amerika en Europa gemiddeld jaarlijks in de vorm van subsidies uitkeren aan hun eigen boeren. Daarvan komt – schrikbarend genoeg – 65 miljard dollar voor rekening van de EU.

De landbouwsubsidies (en de importheffingen op producten als koffie en chocola) drukken de boeren in ontwikkelingslanden uit de markt, regelrecht de armoede in. Afschaffing ervan heeft al veel te lang op zich laten wachten.

Honderd jaar Springfield, Illinois

In augustus 1908 werd een witte jonge vrouw, Mabel Hallam, in Springfield in de Amerikaanse staat Illinois verkracht door een zwarte man. De krantenkoppen de volgende dag luidden 'Negro's Heinous Crime' en 'Dragged From Her Bed and Outraged by Negro'. De daaropvolgende dagen plukte de politie net zolang zwarte mannen van de straat totdat Mabel Hallam één van hen, George Richardson, had geïdentificeerd als de dader. 's Avonds bestormden vierduizend bloeddorstige dorpelingen het politiebureau waar de vermeende verkrachter werd vastgehouden.

De sheriff in Springfield vond, tot woede van de verzamelde massa, een restauranteigenaar bereid om Richardson met zijn auto naar een veilige plek buiten de stad te brengen. Het restaurant werd door de woedende menigte geplunderd, de (witte) chef-kok gedood door een verdwaalde kogel, het interieur op de auto van de restauranteigenaar gestapeld en vervolgens in brand gestoken.

De plunderaars vervolgden hun weg naar twee zwarte wijken in Springfield, en staken ook daar de boel in brand terwijl ze toegesnelde brandweerwagens de weg versperden en de brandslangen doorsneden. De huizen van veertig zwarte families brandden tot de grond toe af. Duizenden zwarten ontvluchtten Springfield en een aantal van hen keerde nooit meer terug. Diezelfde nacht werd een zwarte kapper uit zijn huis gehaald, bewusteloos geslagen, opgehangen aan een boom en verminkt.

De volgende avond ging een groep van vijfhonderd blanken met een strop naar het huis van een welgestelde 84-jarige zwarte man die hen beleefd verwelkomde: 'Wat kan ik voor u doen, heren?' Hij werd geslagen, opengesneden met een scheermes en aan een boom opgehangen. Toegesnelde soldaten troffen de man nog levend aan. Hij stierf later die nacht. De volgende ochtend kopte *The New York Times*: 'Rioters hang another negro.'

In totaal werden in 1908 in Amerika 98 zwarten gelyncht. De daders kwamen weg met lichte straffen (boetes van 25 dollar). Mabel Hallam bekende naderhand dat ze de verkrachting had verzonnen teneinde voor haar echtgenoot de blauwe plekken te kunnen verklaren die ze bij haar geheime minnaar had opgelopen.

In 1909 werd in Springfield, Illinois de National Association for the Advancement of Colored People (NAACP) opgericht. Daarmee was de Amerikaanse burgerrechtenbeweging geboren.

In datzelfde Springfield kondigde Barack Obama in februari 2007 aan dat hij een gooi zou doen naar het hoogste ambt. Springfield vormde afgelopen augustus ook het decor voor het eerste gezamenlijke optreden van Obama en zijn running mate Joe Biden, de man die hem een jaar eerder nog 'clean' en 'articulate' had genoemd.

Toen Obama begin dit jaar de voorverkiezingen in de staat Iowa won, schreef Gloria Steinem, icoon van de tweede feministische golf, een vlammend betoog in *The New York Times* van 8 januari 2008. Volgens Steinem was sekse, en niet ras, de meest beperkende factor in het leven in de Verenigde Staten. Dat verklaarde volgens Steinem ook waarom Obama, in plaats van Hillary Clinton, in Iowa had gewonnen. Zwarte mannen kregen een halve eeuw eerder dan vrouwen stemrecht en namen eerder machtsposities in, van het leger tot aan *corporate boardrooms*, dan vrouwen.

Maar ras correleert veel sterker dan sekse met sociale klasse. In 2004 leefde bijna een kwart van de Amerikaanse zwarte huishoudens beneden de armoedegrens – ten dele als uitvloeisel van de aanhoudende segregatie en discriminatie. Zwart zijn wordt in de Verenigde Staten nog altijd geassocieerd met armoede, drugs, criminaliteit en gebroken gezinnen. Zwart zijn betekent extra in de gaten gehouden worden door de politie, en genegeerd worden door taxichauffeurs en winkelpersoneel. Een vriend van me die advocaat is bij een gerenommeerd kantoor op Manhattan, kan niet in casual kleding over straat omdat hij dan voor vuilnisman wordt aangezien. Zwarte families in de hogere middenklasse hebben moeite om een *nanny* voor hun kinderen te vinden (ook zwarte nanny's geven er de voorkeur aan om voor witte families te werken).

De verkiezingszege van Barack Obama heeft voor een kleine aardverschuiving gezorgd: de verhoudingen lijken opeens (iets) minder scheef. Of zoals Whoopi Goldberg het de dag na de verkiezingen zei in het televisieprogramma *The View*: 'Voor het eerst van mijn leven heb ik het gevoel dat ik tot het weefsel van dit land behoor.' Je ziet het nieuwe zelfbewustzijn terug in de straten van New York. De lucht knispert ervan.

Een overwinning van Hillary Clinton zou niet dezelfde betekenis hebben gehad. Vrouwen, althans blanke vrouwen, vormden altijd al het weefsel van de Amerikaanse samenleving. Hun vaders en hun zonen hebben dit land door de eeuwen heen geregeerd. Margriet van der Linden, de nieuwe hoofdredacteur van het maandblad *Opzij*, zei terecht tegen me: 'De vrouwenbeweging is voortgekomen uit de burgerrechtenbeweging.'

First things first. De eerste vrouwelijke president kan wachten.